わが心のプロレス

高木 恭三

東京図書出版

はじめに

金曜日の夜8時、小さな白黒テレビの前に座り、ドキドキしながらプロレスを見ていた。外国人レスラーの反則技に怒り、大声で叫びながら時には半泣きになって、日本人レスラーを応援していた。ビデオもなく、もう二度と見ることができない映像を目に焼き付けながら、あっという間に過ぎていく楽しい時間を惜しみながら見ていた。

毎週発行される2冊のプロレス雑誌を欠かさず買って読んでいた時もあった。中学生の頃まではプロレスを見ていた友達が、高校生になった頃からその話をしなくなっても、ジャイアント馬場ファンからアントニオ猪木ファンに変わった僕は相変わらずプロレスを見ていた。大学生になってからは下宿の大家さんのテレビの前に座り見ていた。やがて、中学校の教員になり、僕は猪木ファンから前田日明ファンに変わったが、プロレスは相変わらず見続けていた。

社会科の授業中、息抜きにプロレスの話をよく生徒にした。学活でプロレスのビデオを見せたりすることもあった。プロレス好きの生徒はクラスには必ず数人いて、僕のプロレス話を目を輝かせながら聞いていた。卒業した生徒の何人かが、「先生の教科についての話は忘れてしまったが、プロレスの話だけは覚えている」と僕に言ったことがある。少し複雑な気持ちにはなったが、それだけ、熱を入れて本気で話していたのだろう。

そんなにもプロレスが好きで、必死で見たり語ったりしたのはいつ頃までだったか。プロレスを見なくなってどのくらい経ったのか。プロレスにときめきを感じなくなって長い月日が流れた。プロレスという言葉自体が、今はあまり人の口に上らなくなっている。何かちょっと懐かしい響き。ただ、今も新聞の番組欄にプロレスという言葉が見えた時、あるいはそれに似た言葉を見つけた時にパッと反応する自分がいる。そんな時、いまだにプロレスは自分の心や頭のどこかにしっかりとあるのを感じるのだ。

2020(令和2)年の春から、BS朝日で金曜日夜8時に新日本プロレスを中継する『ワールドプロレスリング』が復活した。気になっている自分がいた。こわごわと少しだけ見てみた。しかし、そこで繰り広げられているプロレスは、僕がかつて夢中で見ていたプロレスとは完全に別物であった。プロレスがそのような形になっているということは当然知っていたので驚くことはなかったが、違和感を覚えるのを抑えることができなかった。

まず、見て思ったことはレスラーの身体が美しくないということだった。見せるための余計な筋肉を付け過ぎている。動きはよく言えばダイナミック、アクロバティック。悪く言えば、かつてカール・ゴッチが言ったようにサーカスのよう。前田日明は「日本のルチャリブレ」と言っていたが。演技しすぎ。対戦する両者の間に緊張感はなく、やったりやられたりの技の応酬の繰り返し。体操選手のように飛んだり跳ねたり。かつてフィニッシュホールドだった大技のオンパレード。格闘技としての側面が削られて丸く柔らかくなっている。格闘技の怖さがない。完全なショーとして割り切ってやっている。意外性に乏しい。あれが一体おもしろいのだろうか（いやいや、あれをおもしろく感じている人もいるのだ。それを否定はできない）。しかし、すぐにチャンネルを変えた。かつてのプロレスファンの僕が見続けることを拒んだ。かつて好きだったプロレスを穢されているような気持ちになった。

最近はご当地プロレスというものもある。テレビでも時々取り上げられるので名前とそこに所属しているレスラーの顔は少し知っている。町おこしなど地域を盛り上げるいろいろな活動をしているようだ。それはそれでいいことだと思う。しかし、君たちは本当にプロレスラーなのか。きちんとしたプロのレスリングのトレーニングを何年か積み重ね下積み生活をして、あるレベルに達した上でプロレスラーになっているのか。プロレスのまねをしているだけに過ぎないのではないのか。かつての学生プロレスと変わらないレベルのものだ。それをプロレスと言ってほしくない。自分たちをプロレスラーと言ってほしくない。彼らを忌避している自分がいる。

本屋に行くといつもプロレスや格闘技関係の本を立ち読みしていた。今もそのコーナーには行く。以前に比べると大幅に少なくなってしまったが、プロレス雑誌を見る。ちょっとだけ、ページをめくる。しかし、そこに掲載されている記事や写真が僕に訴えかけない。レスラーたちの表情や全体の佇まいに、テレビのバラエティ番組のような軽薄さを感じてしまう。少しだけ見て元に戻す。

現在もしばらく立ち読みするのは、昔のプロレスを特集した雑誌だ。あるいは、猪木や前田や佐山サトル（聡）などについて書かれている書籍だ。よく見るとプロレスコーナーにある本の大部分は、昔のプロレスやレスラーを扱ったものだ。特に猪木に関しての本が一番多い。それらは気に入れば買うこともある。家には何百冊ものプロレス本があり、今も時々ひっぱり出して見ることがある。

最近、ユーチューブ（ＹＴ）で昭和時代のプロレスをよく見る。見始めると2時間くらい夢中になって見てしまう。おもしろい。これが僕のプロレスだと思いながら見る。以前には気づかなかったことも発見する。かつて子どもの頃から若い頃に見たプロレス。あの雰囲気。とうに過ぎ去ってしまった自分の青春時代を思い起こすようにプロレスを懐かしむ自分がいる。

金曜日や水曜日、土曜日のゴールデンタイムで放映されていたプロレス。多くの人が見て、それについて語り、その技をまねすることもあったプロレス。野球や大相撲と同じレベルで日本人の中に浸透していたプロレスがなぜこうも衰退し、人々の脳裏から消えてしまったのか。20代、30代の頃に教室でプロレスの話を気合いを入れてしていた僕も、やがて、生徒にその話をすることはなくなっていった。プロレス自体がおもしろくなくなったのと、プロレスを見ている生徒がほとんどいなくなったからだ。

以前からプロレスのことについて書きたいと思っていた。プロレスの本を書くというのが僕の夢であった。仕事を定年退職した今、やっとその夢を実現できる時が来た。昔見たプロレスの風景とその時代に起こった出来事を思い起こしながら、主に昭和のプロレスとその変貌を語ってみたい。かつて僕と同じようにプロレスに胸をときめかせた人たちが、ああ自分もそうだったと思ってもらえる内容になればいいなと思う。

ただ、僕はレスラーを直接取材したわけではなく、内部の詳しい事情を知っているわけでもない。プロレスを長年にわたって心底愛し、プロレスを外側から見てきた一ファンとしての自分の考え、思いを表現していくので、その見方は違うのではないかと思う人がいて当然である。

一応、資料を調べはしたが、半世紀ほど前の昔の記憶をたどる部分もあるので多少事実と異なるところがあるかもしれない。また、親愛の情を込めてプロレスラー等の氏名の敬称を略させていただくことを許していただきたい。小学生の頃から30代の頃まで大好きだった「わが心のプロレス」への熱い想いを自分なりに語ってみたい。

わが心のプロレス◇目次

第1章
日本プロレス

僕がプロレスを見始めたのはおそらく、小学校3年生の1967（昭和42）年頃だったと思う。それまで、僕が住んでいた愛媛県津島町（現在の宇和島市）では、テレビ放送はNHKと民放はTBS系の大分放送だけだった。それがこの年に南海放送も映るようになり、日本テレビ系の番組を見ることができるようになったのである。僕はすぐにプロレスが好きになった。自分のツボにポンと入ってきた感じだった。金曜日夜8時は毎週欠かさず日本プロレス中継を見ていた。大相撲ファンの父親もプロレスを一緒に見ていたが、プロレスに対して懐疑的なことを言う時があった。あれは八百長だと。

家に一台しかない小さな白黒テレビ。ナショナルの14インチのテレビだったと思う。床の間に置かれていた。見ない時はブラウン管の前にはカーテンのような布が掛けられていた。うちの家は近所の家よりも早くテレビを買ったこともあり、相撲中継がある時は近くのおっちゃんたちがうちに来て、縁側に座ってテレビを見ていた。そんな昭和の風景を今もよく覚えている。

僕はテレビの画面に映し出されるプロレスの試合を釘付けになって見ていた。三菱電機提供、「高雄」というカラーテレビがCMに登場していた。掃除機の「風神」が、リングの清掃をしていた。今とは違う白一色のすっきりとしたリング。コーナーポストも白だった。少し後に放映され始める国際プロレスのコーナーとは異なっていた。名前は忘れたがメガネをかけたリングアナウンサーの選手コールを家や学校で僕はよくまねをした。「赤コーナー、320パウンド、ジャイアントバーバ」それは今でもまねできる。タイトルマッチでジャイアント馬場を「インターナショナルヘビー級選手権保持者」と抑揚を付けてコールするのがかっこよかった。今とは全然違う、試合の様子や会場のムード。ゆったりとして、かつ整然とした雰囲気。スーツを着た大人の男たちで埋め尽くされた会場。子どもの僕には、何か恐ろしい、緊張した空気がみなぎっているように感じられた。

実況中継は清水一郎アナウンサーだった。プロレス中継のアナウンサーで僕が最も好きだった人だ。やがてとても騒々しくオーバーに表現するアナウンサーが登場してくるのだが、彼らとは対照的で落ち着いて品があり、余計なことは言わない的確な語り口であった。ずっと後に、日本テレビの重役になった清水アナウンサーがプロレス中継を振り返って、「ジャイアントではなく、ジャイアンツ馬場と発音していた」とおっしゃられていた。スポーツ中継独特の高揚感は醸し出しつつ、誇張はせずに淡々としたアナウンスであった。

その頃、新人に近かった徳光和夫アナウンサーもプロレス中継を担当していたが、彼と比べて清水アナウンサーはずっと大人を感じさせ、まさにプロのアナウンサーの語りで僕は惹きつけられた。

解説者は何人かいたと思うが、一番印象に残っているのは芳の里淳三だ。その当時の日本プロレス（以下日プロ）の社長だということは知っていたが、元大相撲力士でプロレスラーだったということは後になって知った。芳の里は、アナウンサーの問いかけに対して、元レスラーの経験を踏まえて適切に答えていたように思う。遠藤幸吉の意味不明な解説や元プロレスラー以外のマスコミ関係者の解説に比べて朴訥ではあるがはるかに説得力があった。

レフェリーは沖識名とユセフ・トルコ。強烈に印象に残っている。二人とも変わった名前だなあと子ども心に思っていた。沖識名はおじいさんに見えた。動きがのろく、少し鈍くさかった。ただ、悪い印象ではなかった。善良な好々爺というイメージだった。彼のレフェリングは公正に見えた。彼がかつて力道山にプロレスを教えた人物とは当時知らなかった。

一方、トルコは沖識名に比べて、動きが速く、しぐさがオーバーだった。反則のカウント、フォールのカウントの取り方がオーバーだった。時にフォールのカウントをものすごく速くとることがあった。外国人の反則に対してわざと見て見ぬふりをして、観客を興奮させるテクニックに長けていた。プロレスはリングのレスラーだけでなく、レフェリーを含めた三者でつくるものということが言われているが、まさにそういう存在のレフェリーだった。後の新日本プロレスのミスター高橋はユセフ・トルコ的なレフェリーだったといってよい。トルコのしぐさはおもしろかったが、何か悪役レスラーと同じようなイメージだった。そういう点で、僕は沖識名の方がずっと好きだった。

その頃、僕にとってのアイドルは勿論、断然、ジャイアント馬場であった。２ｍ９㎝、外国人選手に見劣りしない体格。あの頃の馬場は、腕こそ細かったが、肩幅は広く、腰ががっちりとしていて、脚は見事に筋肉がつき、日焼けした身体は精悍そのものだった。また、のろいと言われていた動きも決してそうではなくて、長い手足を豪快に動かし、エネルギッシュであった。僕にとってのジャイアント馬場は、あの昭和40年代前半のイメージがすべてであったといっていい。改めて考えると２ｍを超える身体でドロップキックを放ち、動き回る馬場の身体能力はすごいと思う。やはり、プロ野球で鍛えた下半身の力が馬場の身体の基礎になっていたのだろう。意外にも多くの人が馬場は運動神経がとてもよかったと言っている（猪木は運動神経がよくなかったと言われているが）。あの頃の映像は以前はほとんど見ることはできなかったが、現在ではYTで一部を見ることができる。そこには僕の抱いていたジャイアント馬場その人が映し出されている。

馬場が馬場であったのは、昭和38年頃から44年頃まではではないだろうか。力道山が生きていた頃、すなわちアメリカ遠征から帰国し、キラー・コワルスキーやカリプス・ハリケーン、ゴリラ・モンスーンなどと試合をしていた頃から、僕がプロレスを見始めた昭和42年頃の馬場は、それ以後の馬場の身体と比べてはるかに太っていてたくましく見える。

僕が馬場を好きだった理由は単純に日本人レスラーの中では一番強く見えたからだ。後になって、猪木を始めとする他の日本人レスラーがエース馬場を強く見せるためにいろいろな方法で支えていたというようなことを知るわけだが、とにかく、あの頃の僕にとって馬場は一番頼りがいのある日本人レスラーであった。あの頃のプロレスで強く印象に残っているのは馬場に関しての試合がほとんどなのである。

あの頃は個性豊かな、恐くて強い外国人レスラーがたくさんいた。国籍はいろいろと脚色されていたが、ほとんどはアメリカ人レスラーだった。シリーズ毎に「まだ見ぬ強豪」と言われた新しいレスラーが次々とやってくるほどに多彩な顔ぶれであった。それらのレスラーの中で、僕が印象に残っている代表的な選手を何人か紹介しよう。

プロレスを見始めた当初、強烈に記憶に残っているレスラーはミスターXだ。正体はビッグ・ビル・ミラーだった。がっちりとした大きな身体で黒い覆面をかぶって、マスクに凶器をしのばせ、反則の限りを尽くしていた。ミラーの巧みな反則にエキサイトする観客以上に、僕はテレビの前で叫びながら試合を見ていた。その当時は全く知らなかったのだが、ミラーは本当の実力者であったようだ。天狗になっていたグレート・アントニオをカール・ゴッチと一緒に懲らしめたり、海外遠征前の馬場を逆エビ固めで軽くギブアップさせたりしていた。ガチンコの強さを裏付けにしての反則技は説得力があったのだろう。

また、同じ時期に来日していたクラッシャー・リソワスキーも印象深い。ゴリラのような強靭な身体。スポーツ刈りの怖い顔。メリケンサックで反則をするクラッシャーに敢然と立ち向かう我らがジャイアント馬場。強力な敵ロボットに立ち向かう鉄人28号に重ね合わせながら見ていた。今、YTで見てみると何とも大味な試合だが、当時感じた迫力は相当なものがあった。

その他にターザン・タイラー、フレッド・ブラッシーなどは、ほとんど反則ばかりを繰り返し、その動きは憎いほど抜け目がなかった。特に噛みつきが得意技というブラッシーのパフォーマンスはヒールの典型であり、観客をヒートアップさせる、ある意味芸術的なものであった。力道山との試合の頃に比べればやや衰えが見えたものの、「銀髪の吸血鬼」

というニックネーム通りの暴れっぷりで深く印象に残っている。強くて狡賢い外国人レスラー（ヒール）とそれに翻弄される弱くて鈍くさい日本人レスラー（ベビーフェイス）の図式ができあがっていた。

この日プロ時代の個性溢れる様々な外国人レスラーたちの中で、自分にとってのベスト3は、ボボ・ブラジル、フリッツ・フォン・エリック、ディック・ザ・ブルーザーだ。その後見たすべてのレスラーの中でもこの三人はベスト10に入っている。

特にこの頃の僕にとって、いや僕と同年代の多くのプロレスファンにとって№1のレスラーは誰かと問われれば、多くの人が「黒い魔神」ボボ・ブラジルと答えるのではないだろうか。ボボ・ブラジルという名前を聞くと、あの頃のいろいろな風景が思い出される程に、強烈に心に残るレスラーであった。黒い精悍な顔。大きな、黒光りする身体。太い腕。しかし、どこか風格があった。大好きだった馬場が細い腕だっただけに、ブラジルの太く長いかっこいい腕にあこがれた。大人になったらあんな腕になりたいと、ふろに入った時は力こぶをつくって自分の細い腕をよくながめたものだ。

ブラジルはあまり反則をしなかった。ブラッシーやザ・デストロイヤーなどのように狡賢くもなかった。時々、コブラツイストなどもやり、テクニシャンぶりを発揮することもあった。しかし、彼の得意技は言わずとしれた頭突き（ココバット）であった。何発か頭突きを見舞い、最後はジャンプしての頭突きでフォールするのがパターンであった。日本側の中で頭突きを得意とする大木金太郎（キム・イル）との頭突き合戦は大変おもしろかった。お互いに譲らず、一方が頭突きをやれば、片方がやり返した。観客は微笑しながら、その攻防を興味深く見守っていた。大木が、ブラジルの側頭部をねらって頭突きをするとさすがのブラジルもいやがった。しかし、倒れはしなかった。最後は、ブラジルがジャンピングココバットを炸裂すると、たまらず大木はダウンした。さすがの石頭の大木もブラジルの頭突きには勝てないと納得したものだ。

そのブラジルと馬場との試合の中で最も印象に残っているのは、1968（昭和43）年のインターナショナル選手権試合であった。この試合で、馬場はブラジルの頭突きを浴びてフォールされ、タイトルを奪われた。1965（昭和40）年にチャンピオンになって初めての敗北であった。あの時の衝撃を今でも僕は覚えている。われらが馬場がついに負けたのだというショック。あの虚無感。喪失感。血の匂いのするような空気感。頭をたたきのめされ、本当に現実なのかと我を疑うような精神状態。ボクシングの世界タイトルマッチで、日本人ボクサーがノックアウトで負けた時、あるいは高田延彦がヒクソン・グレイシーにあっけなく負けた時に感じた気持ちにも似ていた。自分の心が整理できない程の出来事であった。

馬場はこの時ちょうど30歳。思えば、ジャイアント馬場というレスラーは、もしプロレスが真のスポーツであるとしたなら、あの敗北で引退してもおかしくなかった。いや、その後のプロレスの歴史を考える時、あの頃に引退をすれば、プロレスは今日のように衰退しなかったのかもしれない。

馬場は、数日後、リターンマッチを行い、ブラジルからチャンピオンベルトを奪回した。その試合の結末は奇妙な、胡散臭いものだった。追いつめられた馬場がブラジルのタックルをかわし、かわされたブラジルはロープに首をはさみ、身体がリング外に出ていたために、沖識名は20カウントを数え、リングアウト負けになるというものだ。馬場が勝ったことを嬉しくは思ったが、子どもながらに変な終わり方だなと思った。あれは、レフェリーが首を挟まれたブラジルを助けるべきではないか。カウントを数えるのはおかしいのではないか。そう思った。腑に落ちない結末。それは、僕の心のどこかで、もはや馬場は観客の納得のいく試合をできなくなってきているのではないかという疑念を起こさせていたのかもしれない。今ではプロレスは事前に勝敗が決まっているというのは誰もが知っていることであるが、であるなら、なぜ、もっとスッキリと馬場が勝利を収める終わり方にしなかったのだろうか。ブラジルの商品価値を下げないためのものだったのか。

僕が中学生の頃、新日本の解説を長く務めた桜井康雄氏が、この試合のことについての記事をプロレス雑誌に書いていたのを読んだことがある。ジャイアント馬場の全盛時代はこの時のブラジルとの試合をもって終了した、というような意味の内容だった。当時の僕はまだ馬場ファンであったので、その記事を読んだ時、かなりショックであった。以前から薄々感じていたことを桜井さんがズバリ指摘したことに戸惑いを隠せなかったのだ。そうではない、まだまだ馬場はやれるんだと心に言い聞かせたりもした。しかし、その後も選手として現役を60歳までつづけた馬場の歴史を考えた時、桜井氏の指摘は当たっていたと思う。ジャイアント馬場にとって、あのブラジル戦がスポーツ選手としての限界を感じさせる大きな意味のある一戦であったのだ。馬場はこの年あたりから、身体が少しずつ痩せていったように思う。そして、振り返ってみると強烈に印象に残るシングル戦がそれ以降はほとんどなくなった。

ブラジルはその後も、何度も来日している。1969（昭和44）年に、ワールドリーグ戦にも参加している。初戦の猪木戦では勝利を収めるが、猪木にかなり追い込まれていた。決勝リーグで馬場と戦い、中途半端な試合で引き分ける。今、YTでその試合を見ると、引き分けにするために両者とも明らかに遠慮しがちに試合をしているふうに見える。

この試合の後、猪木がクリス・マルコフのラフ攻撃に顔面を血まみれにされながら、卍固めで勝利し、初優勝する。この猪木の試合は馬場の試合よりも遙かにインパクトがあった。猪木というレスラーの存在を世の人の心に強く刻み込んだ最初の試合だった。猪木派の人々の支持によって初優勝を勝ち得た猪木だったが、試合内容そのものも馬場に比肩、いやそれを上回る時代に入ったことを象徴する一戦だった。猪木時代に入るスタートともいうべき試合だった。

ブラジルは、漫画の『タイガーマスク』に登場するポポ・アフリカというレスラーのモデルにもなっている。ブラジルは後に、全日本プロレスにも参加し、試合前に花をムシャムシャ食べたりして、僕たちを幻滅させるブラジルに成り果てていく。しかし、僕の脳裏には、昭和40年代初めのあの精悍で紳士的なブラジルの姿が今も焼き付いている。

余談だが、日本でのブラジルのベストバウトは何かと聞かれれば、力道山戦ではないだろうか。自分はリアルタイムで見ていないのだが、YTで見るととてもおもしろい。力道山のチョップとブラジルの頭突き合戦が繰り広げられる。オーバーアクションの頭突きではなく、ゴツゴツと地味に頭をぶつけて、リアルさを感じさせる。まだスマートで若いブラジルが頭突きを何度も繰り出すが、それに力道山はチョップで応戦する。力道山の気迫や闘志によって次第にブラジルの気力は萎えていく。そして、最後は試合放棄のような形で決着した。力道山のケンカ魂がブラジルを完全に上回る。ミスター・アトミック戦での力道山を彷彿とさせる一戦で大変興味深い。馬場になく、猪木にあるのは、ああした戦いのスピリッツだと思う。いざとなったら、決まり事の勝敗を無視するような怖さ。それは現在のプロレスが完全に失ったものだ。そして、我々がプロレスに興味を持てなくなった一番の原因がその「怖さの喪失」にある。

二人目は「鉄の爪」フリッツ・フォン・エリックである。「鉄の爪」、何と衝撃的なネーミングだろう。一体「鉄の爪」とは何なのだろうかと、彼が来日する前に、あれこれ想像をした。爪に鉄のような何かをつけているのだろうか。子どもの僕は、どきどき、わくわくしながら考えたものだ。すでにエリックは数年前に初来日しており、僕が見たのは2回目の来日の時だと思う。あの独特の迫力ある風貌。ドイツ系を思わせる名前。握力が100以上あり、リンゴを握りつぶせるという。その握力を生かして、得意技が額のこめかみを手で掴む、アイアンクローという技であるところから、「鉄の爪」というニックネームになったことをやがて知る。右手を大きく広げて、これがかかったらもうおまえは終わりなんだとばかりに、馬場に何度もアイアンクローをしかけるエリック。それを必死の形相で阻む馬場。その攻防を固唾を呑みながら見守る観客と僕。馬場は必死に長い手足をさらに大きく見せるように広げて、しのぎ、攻撃をする。クローを防ぐために右手を痛めつけたり、耳そぎチョップをしたりする。しかし、防戦むなしく、エリックは最終的にクローをかけることに成功する。馬場のこめかみから一筋の血が流れる。最初は抵抗していた馬場の身体が次第に動かなくなり、沖識名はスリーカウントを数える。クローという単純な技のみで、われわれを興奮させ、魅了したエリック。

後にキラー・カール・クラップやバロン・フォン・ラシクなどがこの顔面を掴む技をブレーンクローと名を変えて、猪木や坂口征二と戦った。しかし、クラップのクローは、猪木や坂口の反撃で簡単に頭から離れてしまい、その威力を十分にアピールしていなかった。頭から離そうするが決して離すことができないエリックのクローと、他のレスラーが仕掛けるクローとは格段の差があった。また、それを受ける馬場の非力さが一層、その技にリアリティを加えていた。馬場との試合は、だいたい馬場が一本取り、その後クローでエリックが取り返し、三本目は反則で馬場の勝ちというパターンだったと思う。ただ、意外にもエリックは、馬場の脳天チョップなどには弱かったように記憶している。

馬場とエリックとの試合で最も印象に残っているのは、アメリカでの試合だ。その試合がなぜ、印象に残っているのかというと、エリックがこの試合ではクローで一本をとるのではなく、他の技で一本をとったからだ。その技はドロップキックだった。クローの他にエリックはキックを得意にしていた。この時、エリックはドロップキックを連続で二発馬場に見舞い、フォールを奪っている。他のレスラーと比べて体格のよかったエリックが、重厚なドロップキックでフォールを奪ったことが新鮮であり、衝撃であったのだ。

ただ、日本における馬場対エリックのベストバウトは、1966（昭和41）年、初来日した日本武道館での試合だ。自分はリアルタイムでは見ていないが、今YTで見るとその会場の独特な雰囲気とこの試合の緊張感が伝わってくる。まさにボクシングの世界タイトルマッチの空気感だ。エリックの凄み、アイアンクローの怖さが馬場とエリックのやり取りから伝わってくる。力道山が亡くなって3年、日本プロレスのエースとして馬場が不動の地位をつかんだ試合といえる。馬場全盛期の試合がこれだ。

この試合でも感じることができるのだが、プロレス界の二大スターであった馬場と猪木の魅力の一つは、強いレスラーにコテンパンにやられる姿にあると思う。技を受けることが義務づけられているプロレスにとって、どうやられるかが観客にアピールする大きな要素なのだ。馬場プロレスがこの頃に完成したのは、容赦なく攻撃する、怖くて強いエリックたち外国人レスラーたちの存在があったからだ。

しかし、この頃の馬場の試合は僕にとってはとてもおもしろいのだが、よく見直してみると、馬場という選手の技はほとんど、チョップとキックに限られている。32文や16文は馬場の必殺技なのだが、今見ると説得力に欠ける。残念ながら、それほど相手にダメージを与えているふうには見えない。また、プロレスの基本的なグラウンドテクニックをこの当時の馬場の試合ではほとんど見ることはできない。対戦相手を完膚なきまでに打ちのめす場面がほとんどない。シンプルな技の繰り返しと長い手足を大きく広げて攻撃したりする姿の魅力と、それ以上に、強い外国人レスラーにやられまくる非力さこそが馬場の魅力だったような気さえする。

さて、プロモーターとしても活躍したエリックには大物レスラーの風格があり、ギャングのボスのような佇まいがあった。そのエリックの息子たちはやがてレスラーとなり、全日本プロレスで活躍した。しかし、いずれも自殺などで亡くなってしまう。その知らせを聞いた時は心が痛んだ。

三人目はディック・ザ・ブルーザーだ。その風貌の迫力において、エリックに負けない存在がブルーザーだと思う。全身傷だらけなので「生傷男」というニックネーム。悪ガキ、ヤンチャ坊主がそのまま大人になったような感じ。背は低いが、ゴリラのような強靭な身体。今のボディビルダーのようにウェイトトレーニングで作った身体ではなくて、自然に鍛え上げてできたような身体。全身から凄みがにじみ出ている。力道山との試合を見てみたかったと言われているレスラーだった。

彼のベストバウトは、１９６５（昭和40）年の馬場との試合で、馬場がインターナショナル選手権を獲得した試合だろうと思うが、僕はそれは写真でしか見ていない。反則で馬場が勝つという内容だが、今考えるとそれでチャンピオンになるという流れがとても奇妙に感じる。何人かの強豪外国人レスラーと試合をして、最終的に力道山の持っていたインターナショナル選手権を新エース馬場が継承するというもので、それはやがて馬場が全日本プロレス（以下全日本）をつくって、ＰＷＦチャンピオンになる課程の時にそのまま踏襲する。そうしたチャンピオン誕生の安易なやり方が、プロレスにおけるチャンピオンの価値のなさなどにつながり、プロレス衰退の一つの原因となっていったのかもしれない。

さて、僕にとってブルーザーが一番印象に残っているのは、１９６９（昭和44）年にクラッシャー・リソワスキーとタッグを組んで、チャンピオンの馬場＆猪木組と戦った試合である。日プロ時代のタッグマッチで、しっかりと記憶に残っているNo.１の試合かもしれない。詳細は覚えていないが、とにかくまだ若い馬場と猪木が、年上のこのブル＆クラ組の単純で荒っぽい、殴る蹴るのストレートな攻撃を浴びてボロボロにされる試合だ。ブル＆クラ組は、ブラッシーやデストロイヤーなどのように狡猾な攻めではなく、真正面から突撃してくる感じだった。特にブルーザーは馬場のチョップや猪木のパンチをかわさず受け止めても倒れずに耐えて、殴り返してくる。小柄だが、ゴリラのようなゴツゴツした身体をしたこのコンビは、その頃にあった映画『フランケンシュタインの怪獣　サンダ対ガイラ』の二匹の怪獣のようなイメージで、子どもの僕を震え上がらせた。馬場&猪木組は、あの二人には到底勝てないと思うほどに強かった。彼らからすると、馬場&猪木はまだ小僧という感じで、軽くあしらわれていた。日本人は、そう簡単に強い外国人レスラーには勝てないんだと思わせることがプロレスの魅力になっていた。馬場&猪木のやられっぷりが、見る僕たちをエキサイトさせていた。この試合を見るとプロレスのプロレスたる魅力はやはり、受けにあると再認識するのである。

馬場&猪木組が保持していたインターナショナルタッグ選手権は、このブル&クラ組によって奪取された。長くその映像は見ることができなかったが、今はYTでそのリターンマッチの一部を見ることができる。最後は、ブル&クラ組の猛攻に耐えながら、猪木がクラッシャーを卍固めで破り、タイトルを奪還する。馬場と猪木は抱き合い、お互いを祝福する。

思えば、この頃が馬場&猪木のチームが一番連携し、魅力的だった時期かもしれない。やや衰えの見え始めた馬場と、馬場をたてながらも、少しずつ上昇していこうとする猪木とのバランスがとれていた。猪木は新日本プロレス（以下新日本）創立以降は、いわゆる闘魂猪木として、相手レスラーや観客に激しくアピールするイメージとなっていくのだが、この昭和40年代前半の頃はもっと慎ましい感じのレスラーだった。身体がまだふっくらとしていて、後の時代よりシャープさがなく、黙々と試合をしている若いテクニシャンレスラーといったふうだった。ほとんどが坊主頭で昔風の雰囲気を持っている日本人レスラーの中で、長髪で若く、僕たち子どもが、かっこいいと感じる唯一の日本人レスラーだった。猪木の存在が少しずつ高まりを見せていくのが、このブル&クラ組や後に記述するウィルバー・スナイダー&ダニー・ホッジ組とのタッグマッチがあった1969（昭和44）年だった。

日プロ時代の外国人レスラーベスト3について述べたが、彼ら以外にも、心に残るレスラーはたくさんいた。

エリックやブラジルとならんで、巨漢で実力のあるレスラーとして、ジン・キニスキーがあげられる。キニスキーはカナダ人で、陽気な感じのしないレスラーだった。筋肉質ではなく、ナチュラルに鍛えられた身体をしていて、顔は大魔神のようで怖かった。「荒法師」というニックネームで、キッチンシンクやシュミット式バックブリーカーを得意技としていた。とにかく、スタミナのあるタフなレスラーだった。

僕が記憶している一番の試合は、キニスキーがNWAチャンピオンの頃でそのタイトルマッチではなく、馬場のインターナショナル選手権に挑戦するという試合だった。試合の内容は忘れたが、最後に馬場がコブラツイストをかけた時にキニスキーがレフェリーの沖識名のシャツを引っ張って反則負けになるというものだった。その試合結果によって、馬場がNWAのタイトルに挑戦できるという試合だった。結果は何か納得のいかないものだったが、NWAチャンピオンをあと一歩のところまで追い詰めたという内容で、試合に重さがあった印象だ。

もう一つ印象に残っているのは、1970（昭和45）年のインターナショナル選手権だ。ヘッドロックをかけてキニスキーをコーナーポストにぶつけようとした馬場をバックドロップでたたきつけ、勝利するという試合だ。ブラジル戦ほどインパクトはなかったが、馬場がタイトルを失った二番目の試合としてよく覚えている。この試合の後、アメリカでリターンマッチを行う流れだった。プロレスの内情を知った今振り返ると、あのパターンは、力道山対デストロイヤー戦で、場外で力道山がデストロイヤーにバックドロップを放つのを踏襲しているのではないかと思ったりする。それより数年前に大阪球場で行われたキニスキーとの時間切れ試合が馬場のベストマッチと言われているが、自分はリアルタイムでは見ていない。

今、YTでキニスキー関係の試合を見直すと、常にキニスキーは余裕をもって試合をしているように見える。馬場の攻撃などさほど効いてないように軽くあしらっている感さえある。猪木と絡んだ試合でも、キニスキーは一枚も二枚も上手の実力者に映る。エルボードロップを得意技としていたジョニー・バレンタインとのタッグでも、バレンタインをリードしている。NWAチャンピオンはやがて、ドリー・ファンク・ジュニアに移行するが、チャンピオンとしての迫力や貫禄を持っていたのはキニスキーまでではないだろうか。ただ、キニスキーは真の実力者であったが地味で華がなく、見る者をエキサイトさせ、魅了する面ではやや弱かった。

ザ・デストロイヤーはあの頃の外国人レスラーの中ではずせない存在だろう。「白覆面の魔王」というニックネーム。小柄な身体だが強い頃のデストロイヤーは大きく見えた。デストロイヤーはとにかく抜け目がなかった。すばやい動き。凶器で反則をしたりもするが、アマレスの基本的な動きをベースにして、頭を使ったレスリングをしていた。プロとしてのレスリングのスタイルが確立していた。また、デストロイヤーには何とも言えぬユーモアがあった。レフェリーの目をごまかし、小狡いことをして相手を痛めつけた後に、観客に向かって人差し指を自分の頭に向けて、「どうだ、俺は頭がいいんだ」とばかりに得意げにアピールする姿は憎めない奴という感じだった。小憎いことをしながらも、観客の心をうまくひきつけるその姿は魅力的であった。その彼の最大の得意技が足四の字固めであった。デストロイヤーは相手の脚をコツコツ痛め続け、幾多のプロセスを経て、最後に足四の字固めに入る。その流れは理にかなっており、説得力があった。数多くあるプロレスの技の中でも最も有名な技がこの足四の字固めだ。

子どもの頃、僕は学校で、デストロイヤーのまねをして、この技を友達にかけたものだ。それは横たわっている相手の右脚を持っていっぺん左にくるりと回って折りたたむ。そして、まっすぐにした相手の左脚をその下にクロスさせ、自分の右脚を相手の右脚にフックさせると同時に倒れて、背中を地面につけ、両手をバタバタさせるやり方だ。その技をかけると本当に痛かったが、相手が両脚に力を入れるとそう簡単に極まる技ではないことも知っていた。また、かけた後、身体を反転されると、かけた本人の脚が痛むことも知っていた。

デストロイヤーが初めて日本のリングに登場した時、リング上のキラー・コワルスキーの頬に平手打ちをしたシーンがある。当時の両者の立場や勢いの違いを示したと言われているが、その当時のデスロイヤーの佇まいには迫力がある。『オバケのQ太郎』のような覆面であるにもかかわらず、その後のデストロイヤーの雰囲気とは違った凄みを漂わせている。デストロイヤーの試合といえば、力道山との試合が最も有名だ。僕はリアルタイムでは見ていないが、ＹＴで見るとその迫力は、馬場や猪木との試合を遙かに上回っているように思う。力道山との死闘での足四の字固めは、かかったら絶対にはずれない、ギブアップしかないのだと思う程に説得力があった。力道山はこの年に亡くなり、力道山の最後の好敵手としてもデストロイヤーは記憶されることになる。

ただ、実際にテレビで見た試合の中で一番記憶に残っているのは、１９７１（昭和46）年のワールドリーグ戦における猪木戦だ。馬場、猪木、デストロイヤー、アブドーラ・ザ・ブッチャーの４人が決勝トーナメントに残り、馬場はブッチャーと、猪木はデストロイヤーと試合を行った。デストロイヤーは猪木に足四の字固めをかけ、そのままリング下に落ち、両者リングアウトになった。その試合の後、馬場はブッチャーのエルボードロップの失敗でかろうじて勝ち、優勝するという結果であった。あの二つの試合は、当時はどちらともあまりおもしろい試合ではなかったと記憶している。日プロ内における馬場派と猪木派との対立の中で考えられたマッチメイクであった。猪木の無念そうな表情が思い浮かぶ。

今、ＹＴで猪木対デストロイヤー戦を見返すと当時よりもおもしろく感じる。結果は引き分けになると事前に決まっていたのだろうが、決勝で馬場との対戦を望む猪木と馬場派刺客としてそれを阻止したいデストロイヤーとのつばぜり合いがリアルでおもしろいのだ。

かなりきわどい試合に見える。決まり事を破る気配のある猪木をデストロイヤーが強引に引き分けに持ち込んだようにも見える。それに比べて、馬場対ブッチャーは、後の全日本時代のブッチャーよりも遙かに細いブッチャーと、体力的にもまだブッチャーに負けていない、かつてのイメージをわずかに残している馬場との試合。ブッチャーのエルボードロップの失敗でフォールを奪うという結末で、あっけなく終わった印象を残した。前年度のドン・レオ・ジョナサン戦と同様に何か食い足りない試合だった。

この頃になると完全に猪木の方が、試合内容において馬場を上回ってきた感がある。このワールドリーグ戦の直後に、猪木は馬場に挑戦状を出す。実力的にも試合内容においても馬場を上回っていると自覚した猪木、あるいは猪木派が、それでもなお馬場中心体制をとり続ける日プロ首脳に対して反旗を翻した出来事だった。この馬場対猪木戦の一件は、時期尚早というよくわからない理由によって、却下される。それがやがて猪木の日プロ追放、さらに馬場の全日本プロレス創設へとつながっていく。

馬場対猪木戦はそれ以後二度と行われることはなかった。歴史はもう二度と元に戻すことはできないが、あの時、馬場対猪木戦が行われていたとしたら、プロレスの歴史は大きく変わっていただろう。猪木が勝利し、猪木エース体制に変わり、そしてやがて数年で新しい若いレスラーが猪木を破り、新体制を敷く。その新陳代謝が、他のスポーツと同じように整然と残酷に行われていたならば、プロレスはあの当時のプロレスとして残っていたかもしれない。

1969（昭和44）年にクリス・マルコフを破って初めて猪木がワールドリーグ優勝を決めた時の馬場の姿を、今、YTで見ると必ずしも悔しそうな落胆した表情ではない。むしろ、サバサバとして、猪木の台頭を認め歓迎しているふうにさえ見える。30歳を過ぎたら、ハワイに移住して生活することを夢見ていた馬場自身は、いずれエースの座を猪木に譲ることを覚悟していたのではないだろうか。馬場も猪木も併せてキープしておきたい会社側の意向によって、世紀の一戦は闇に葬られた。二大エース体制・二社テレビ放映によって一時的に潤いはしたが、最終的に日プロは崩壊への道をたどっていく。

さてデストロイヤーは、この数年後、全日本に日本側として参加する。そのことについては、全日本プロレスの章で述べたい。

あの頃、僕らの恐怖心をあおったレスラーの筆頭はザ・シークだった。イスラム教徒の格好をして、他のレスラーにない独特の雰囲気を漂わせていた。一番印象に残っているのは、馬場とアメリカで行った試合である。試合前、リングにひざまずき、アラーの神にお祈りをするシーク。そのふりをして、突如、気を抜いている馬場に襲いかかる戦法で、凶器攻撃であっという間に馬場を血祭りにして、悪の限りをし尽くす。小柄でどう見ても強そうには見えず、特別な技を持っていないのだが、何を考えているかわからないような表情で、狂ったように反則攻撃をしかけ、やられそうになるとすぐに逃げる。逃げられない時の最後の手段として、突如炎を出して相手をひるませる。後にタイガー・ジェット・シンが登場し、猪木との数多くの試合で新日本のエースとして活躍していくが、そのシンがモデルとしたのがシークではなかったろうか。やがて、全日本でシークとシンが試合をした時には、年齢的に遙かに若いシンに圧倒されていたが、馬場と試合をしていた頃のシークはまさに恐怖を感じさせるレスラーの筆頭であった。

その他に、スカル・マーフィー＆ブルート・ジム・バーナードのコンビは見かけからして恐怖そのものであった。全身毛のないマーフィー。背中にたくさん毛が生えていて、首を上下に揺らす独特のポーズで観客を挑発するバーナード。この二人のコンビは妖怪のようなムードを醸し出していた。得体の知れないこのコンビは、子どもの僕に強烈な印象を残している。

外国人レスラーと言えば悪役というイメージが強かったが、その中でクリーンファイトをするレスラーもいた。特に印象に残っているのは、ウィルバー・スナイダー＆ダニー・

ホッジのコンビである。この二人は、ブル&クラ組と違った意味で僕の頭の中に刻まれている。とにかく、二人ともテクニシャンであった。YTで映像を探しても見つからないので具体的な試合の様子は覚えていない。ただ、基本的なレスリングに優れ、反則技を使わない強いレスラーだったというイメージである。スナイダーは、俳優のバート・ランカスターのような感じでリーダー的な存在だった。彼に似たレスラーを探すとすれば、ニック・ボックウィンクルのような印象だ。ホッジは、細身で小柄で一見強そうに見えないが、無駄な肉をそぎ落とした狼のような感じで、俳優のスティーブ・マックイーンに似ていた。その当時は知らなかったのだが、ホッジはアメリカでアマレスとボクシングの優れた選手だったらしく、リアルな強さを持っていたと聞く。握力もエリック並でりんごをひねり潰すほどのものだった。現在の総合格闘技にホッジが参戦したならば、相当の実力を発揮したであろうと言われている。アメリカでホッジと試合をした、上田馬之助もその強さを語っている。国際プロレス(以下国プロ)の初期の頃に日本でルー・テーズと戦い、勝利を収めていることからも真の実力者だったことは間違いない。アメリカでのホッジの昔の試合映像を見ると非常にオーソドックスなレスリングを展開し、当時からオーバーアクションの多いアメリカンプロレスの中にあって、今見てもおもしろい。

そのスナイダー&ホッジ組は、1969(昭和44)年、ブル&クラ組が馬場&猪木組を破った同じ年に、やはりインターナショナルタッグ選手権を奪取した。馬場&猪木組を破るにふさわしい実力を持っていた。僕のプロレス史の中でタッグの実力者としてベスト3に入る実力を持ったチームだった。ただ、二人とも実力はあるが派手さがなかったために、その後はあまり日本に来なかった記憶がある。

そして、正統派の代表として、ドリー・ファンク・ジュニアがあげられる。このドリーがアメリカンレスラーのイメージを大きく変えたと言ってもいい。ドリーは1969（昭和44）年初来日する。このドリーを僕らの世代の多くの人が知っていた。プロレスファン以外の人も知っていた。僕が高校生の頃、髪の毛が薄くなった体育の先生がいたが、この人の風貌が何となくドリーに似ていたので、みんな陰で彼のことをドリー・ファンク・ジュニアと呼んでいた。それほどにドリーは有名だった。なぜ、ドリーが有名だったかと言うと、レスラーとしての実力からというよりも、とても善人に見えたからだと思う。アメリカンレスラーにしては、あまり自己主張しない、自分を偉そうに見せない。むしろ、少し頼りなさそうにさえ見え、黙々と試合をしているその姿。初来日の頃は、父親のドリー・ファンク・シニアが同伴で、リングサイドにいるシニアが、心配そうに息子を見守っていた。これまでの怖い、悪い外国人レスラーではなくて、ひ弱い善良なレスラーとして、ドリーのイメージが定着していった。あの頃、20歳代後半だったと思うが、スマートな好青年という感じで一見強そうには見えなかった。

一番記憶している試合は、1969（昭和44）年の馬場との試合だ。印象に残っているのは、馬場が初めてジャンピング・ネックブリーカーという技を出して、ドリーをフォールしたシーンだ。32文ドロップキックや16文キック以外の必殺技を馬場が見せたということで記憶している。また、ドリーがスピニング・トーホールドという技を出して馬場をギブアップさせたことも新鮮だった。あれがなぜ効くのかはわからなかったが、ドリーが相手の脚をもってクルクル回転するスピードはとても速く、新鮮な技として映った。また、ビル・ロビンソン以外のレスラーで初めて、ダブルアームスープレックスを見せたことも印象にある。僕は日本プロレス派で、国際プロレス派ではなかったので、ドリーがスープレックスを見せたことを歓迎していた。しかし、その後にジャンボ鶴田などがドリーの指導を受けて、スープレックスを使ったりするようになり、ドリーのスープレックスは投げっぱなしスープレックスで本当の意味でのダブルアームスープレックスではないと思うようになるのだが。最後までロックした手を離さず、受け身の取りにくいロビンソンやローラン・ボックのスープレックスこそ、アマレスを基本にした正統スープレックスだ。

さて、この試合全体を見た時の印象は、馬場の方が強く見えたことだ。それまでは、馬場対強豪外国人レスラーの試合は結果は馬場の勝利でも、子どもの僕にも外国人レスラーの方が強く見えていた。馬場がアップアップしながら戦う姿を見て、ハラハラしていたものだが、この試合はそうではなかった。馬場の方が余裕があったのだ。ただ、今までとは違う新しい風がドリーの登場によってもたらされた。

当時はテレビで見ることができなかったのだが、日プロ時代のドリーのベストバウトは多くの人が言うように猪木との試合である。ＹＴでその試合を見ると、やはり馬場との試合よりもおもしろい。ほぼ、二人は同い年。背かっこうも似ている。互いにテクニシャン。二人の戦いはいわゆるスウィングしている。試合はドリーが引っ張っているように見える。オーソドックスなレスリング展開をベースにして、二人がお互いのテクニックを駆使して試合を作っている。休むことなく、流れるような展開が続く。後にビル・ロビンソンと戦った猪木だが、ロビンソンのように隙がなく、時にいやらしい攻撃をしかけることのないドリーと、まだ闘魂を前面に出すことなく、感情を押し殺しながら黙々と戦う猪木。二人の呼吸がうまくマッチして、名勝負を作っていった。ある意味、古典的なプロレスの手本ともなる試合だったのではないだろうか。猪木が初めて、自分の力を十分に見せることのできる相手に巡り会えた試合だった気がする。

後年、猪木はドリーとテリーのファンクの兄弟に関して、自分は圧倒的にドリーを高く評価しているといったようなことを述べていたが、僕も猪木の意見に賛成である。テリーのような派手さはないが、玄人受けする実力をドリーは持っていた。ドリーは、少し違いはあるが、総合格闘技のエメリヤーエンコ・ヒョードルのような雰囲気に似たものを持っていた。ドリーの登場によって、時代は大きく変わっていったと思う。

また、怪獣のような怖い外国人レスラーとの試合ではエキサイトする試合を見せていた馬場が、ドリーの登場によって、その持ち味を見せることがなかなかできなくなり、逆に猪木がドリーなど正統派のテクニシャンとの試合にその良さを見せるようになった。ちょうど1969（昭和44）年頃が、プロレスラーとして猪木が馬場に追いつき、抜き去っていく境目だったような気がする。1969（昭和44）年は日プロが輝いていた最後の年だった。

ドリーとテリーの兄弟タッグ、ザ・ファンクスは、1971（昭和46）年に馬場&猪木組を破り、インターナショナルタッグ選手権を獲得する。亀裂の入った馬場と猪木の最後の相手がファンクスだった。そして、その後しばらくして、猪木は日プロを去る。猪木とドリーの試合はそれから二度と見ることができなかった。自分の考えとしては、ドリーの全盛期は全日本の初期の頃だと思っている。その頃のドリーは来日当時のひ弱さは消えて、完全に馬場を凌駕する試合を見せている。今となってはかなわない夢だが、昭和40年代末に猪木対ドリーの試合を見たかったなあと思う。ドリーについては、第4章の全日本プロレスの章でも述べたい。

僕がプロレスを見始めた1967（昭和42）年以降、日プロに来日した外国人レスラーで、これまで記した以外で心に残っているレスラーを何人か紹介したいと思う。

ブルーノ・サンマルチノは、イタリア系アメリカ人でWWWFチャンピオンになったレスラーだ。ネームバリューから言えば、前述したレスラーに劣らないものがあるが、それほど強烈な印象は残っていない。たぶん、リアルタイムでテレビで見ていると思うが、あまり覚えていない。覚えているのは腕は太くズングリした丸い感じの体型と、試合が進むと汗で頭髪の薄さが目立っていったということくらいだ。彼は、馬場の友人だったことや、アメリカではベビーフェイスであったこともあり、他の外国人レスラーのように小狡い反則を仕掛けることはなく、愚直に戦っているというイメージだった。ベアハッグなど力技が得意であるが、馬場の脳天チョップなどの攻撃に弱いという感じであった。YTで見ると、黄色いパンツをはいて日焼けした馬場がリング上をところ狭しと動く。試合そのものは単調だが、まだ若く動き回れる精悍な馬場をサンマルチノ戦では見せている。

余談だが、サンマルチノは後に全日本にも参戦する。その時はカツラを着けていたと思う。全日本時代に記憶に残っているのは、馬場とタッグを組んで、タイガー・ジェット・シン&上田馬之助組と行った試合だ。この時のサンマルチノは、貫禄では完全にシン&上田組を上回り、頼もしい馬場のタッグパートナーとして、馬場を助けていたという感じだった。馬場にとって、若かりし日に、アメリカ遠征時代の苦楽をともにした友人として大切なレスラーだったのだろう。サンマルチノに関して強烈な印象はないものの、何かいいイメージがどこかにある。

ドン・レオ・ジョナサンもいた。1970（昭和45）年のワールドリーグに来日した時に初めて彼を知った。ワールドリーグに参戦して、馬場と決勝戦を行い、馬場が勝って優勝した。それほど強烈な印象は残っていない。馬場の試合に物足りなさを感じ始めていた頃だったのではないだろうか。ジョナサンはとても恵まれた身体をしていて、反則などはしない正統派の実力者だった。見かけもかっこよかった。ただ、いろいろなことに恵まれ過ぎていて、アクがなく、強烈な個性に欠けた。日プロの頃よりも、後に国プロに参加し、ストロング小林やモンスター・ロシモフと試合した時の方が印象に残っている。

日プロの末期の頃、1971（昭和46）年だったと思うが、「千の顔を持つ男」ミル・マスカラスが初来日する。それまでもメキシカンレスラーは来日しているが、最も強烈な印象を与えたのがやはり、マスカラスだった。あの頃のマスカラスは、筋肉質の見事な身体をしていて、リング上を独特なフォームで歩く姿がかっこよかった。後に登場するタイガーマスクも少なからず、マスカラスの動きに影響を受けているかもしれない。現在のプロレスにつながる空中殺法の先駆者がマスカラスといってよい。それまで、アントニオ・ロッカやエドワード・カーペンティアなどのアクロバティックな動きをするレスラーはいたものの、その種の動きをするレスラーで日本において一番の衝撃を与えたのはマスカラスをおいて他にいない。特にフライングクロスチョップは初めて見る技で新鮮であった。

特に印象に残っている試合は、日本デビュー戦の星野勘太郎との試合だ。マスカラスを売り出すためのベストな相手として、小柄で身軽であるが実力者であった星野が選ばれたのだろう。それは正解だった。星野はマスカラスの空中殺法で唇から血を流して、最後は敗れている。これ以後、マスカラスは何度も来日するが、僕にとってこの星野戦がベストだ。

このシリーズ、マスカラスはスパイロス・アリオンと組んで、馬場&猪木組と対戦する。猪木とのグラウンドの攻防やドロップキック合戦は見応えがあった。マスカラスは、基本的なねちっこいグラウンドテクニックを持っていた。それはかなりレベルが高く、相手に簡単には主導権を握らせないプライドといったものが感じられた。ただ、後に詳述するビル・ロビンソンと似たところがあって、自己主張が強く、身勝手さを感じる面があった。相手の技を受けなかったり、タッグを組んでいる相手との連携などを無視して、自分をよく見せようとして鼻につくことがあった。僕がマスカラスが好きでないところはそういう面だった。

一方、身体の大きな馬場とマスカラスはうまくかみ合っていなかった。小賢しく動くマスカラスを馬場は余裕をもってさばいているといった感じだった。YTで見てみると、下降期にあったとはいえ、あの頃の馬場の動きはまだシャープで、マスカラスに脳天チョップをしたり、マスカラスのドロップキックを16文で防いだりする動きは、後の全日本時代の動きとは明らかに違っている。猪木という存在が近くにいた頃は、馬場はかろうじて僕の抱くイメージの馬場であった。

しかし、マスカラス的な動きは、後に藤波辰巳（辰爾）の出現によって一般化していく。そして、現在のプロレスの動きはマスカラス的動きの延長線上にある。プロレスの動きに立体感をもたらした功績はあるが、逆にかつてプロレスが持っていたゴツゴツした地味な動き、攻防が廃れていき、技の一つ一つの重さやリアリティを失わせていった面も否定できない。プロレスが衰えていった一つの原因として、相手との合意があって初めて可能になるプロレス技の種類が、相手から大きく離れて技を仕掛ける空中殺法を取り入れたことで増え、格闘技の要素が薄くなり、見る者にリアリティを感じさせなくしていったことにある。相撲にしてもレスリングにしても、ボクシングにしても、間合いというものはあるにしろ、著しく離れた距離からの攻撃をみすみす受けることは現実的にはない。プロレスは相手の攻撃を受けるという暗黙のルールがあり、ショー的な部分を認知していてなおかつ、そこに両者の駆け引きや密着しての技の攻防に見応えがあった。それが、ロープ最上段からの攻撃やロープを越えてリングサイドにいる相手に攻撃するなどの技が多くなるにつれて、プロレスに格闘技としての要素をも見たい者たちは、興ざめしていったのではないだろうか。

振り返ると、格闘技と見せる競技とのいいバランスが日プロの時代には確実に残っていた。また、試合における起承転結の流れが確立していた。序盤はオーソドックスなグラウンドレスリングの静かな攻防から始まる。相手の手や脚などを一点集中で攻め、その過程を経て、相手のスタミナを消耗させて、最後は自分のオリジナルな得意技を決めて、一発で仕留める。人間は実力に大きな差がない限り、そう簡単に持ち上げたりできるものではない。踏ん張ればボディスラムにしても、スープレックスにしても、かからないものだとわかっていても、試合の中でその技を乱発せず、最後の最後までとっておいて、もうここらでいいという時に仕掛ければ、リアルに映る。バックドロップ一発、ブレーンバスター一発、シュミット式バックブリーカー一発でカウント3をとれるプロレスに魅力があった。あの時代のレスラーは大技を温存していた。人の技をまねしなかった。殴る蹴るの本来一番効く、一番簡単な技を愚直に繰り返し、ここぞという時に大技を出し、息の根を止めた。後にも述べるが、安易な派手な技のオンパレードや観客に迎合した動きが、一時は支持されたものの、長いスパンで見た時に少しずつ、見る人たちの疑念を呼び、飽きられていったのだろう。プロレスをほとんど見なくなった今、小さな白黒テレビに映し出された日プロ時代のプロレスを深い郷愁の気持ちで振り返るのである。

さて、これまで馬場と猪木、外国人レスラーについて述べてきたが、最後に当時の日本人レスラーについて述べてみよう。あの当時は多くの日本人レスラーがいた。彼らがエース馬場や猪木を支えて、日プロが栄えていたのは間違いない。それぞれが役割を果たし、組織としていい状態を保っていたのだろう。

特に印象に残っているのは吉村道明だ。「闘将」という言葉が彼の名前の前に冠されていたように思う。あるいは「火の玉小僧」もそうだったか。とにかく、彼はやられ役だった。身体はそんなに小さくなかった。地味な佇まいだが、基本的なレスリングを身に付けていたテクニシャンだった。たぶん、本当の実力は、馬場や猪木にも負けていなかったのではないか。ＹＴでカール・ゴッチとの試合を見るとそのテクニック合戦に魅了される。力道山が絶対にまねできない、ゴッチとの高度な攻防を見せている。この試合は年齢的な充実度からして、ゴッチの日本におけるベストバウトではないか。美しい弧を描いてジャーマンスープレックスを見舞われた吉村は失神状態となり、それをゴッチは介抱する。クリーンファイトに観客たちも引き込まれていく。力道山時代に遠藤幸吉や芳の里、豊登などのレスラーがいたが、吉村は実力的には豊登に負けないものを持ち、豊登より遥かにスマートな玄人受けするレスラーだった。

その吉村は、馬場や猪木とタッグを組んだ時にいつも外国人レスラーにやられていた。時に血まみれにされていた。やられてやられて、馬場や猪木にタッチをしようとするところを外国人レスラーが執拗に阻止したり、やっとタッチをしたのに、レフェリーの目をそらされてタッチを認められない状態が続く。観客はじれったさにイライラしてストレスがたまっていく。そして、ようやくタッチした後、それまでの鬱憤をきれいに晴らすかのように馬場や猪木が外国人レスラーに報復の攻撃をするというのがパターンだった。それがまさに、ベビーフェイスの日本人レスラーとヒールの外国人レスラーとの攻防の見どころだった。外国人レスラーの抜け目ない、姑息な攻撃を受けに受け、ボロボロな状態になるのを見せる吉村道明のプロ根性。彼のようなレスラーが脇を固め、自分の役割を全うしたゆえに、馬場や猪木が光り、プロレスの試合が形成されていく。それは熟練工のような動きだ。そして、吉村には最後に回転エビ固めという逆転の大技があった。絶体絶命の吉村が放つ回転エビ固めは、水戸黄門の印籠のようなおきまりのフィニッシュではあるが、見ている側はスカッとした。また、吉村は馬場や猪木の大事な試合の時にセコンドについてバックアップしたりすることもあった。現役選手の最長老で日本人レスラーにとって頼れる存在だったのだろう。

その吉村は日プロ末期に引退する。たぶん、40代後半くらいだった。今は50歳いや60歳過ぎても現役を続けている人がいるので40代で引退というのは驚くものではないが、当時は40歳過ぎた現役の人はほとんどいなかったので、この年までよくがんばったなあという感じだった。キラー・カーンの小沢正志が悲しそうに吉村を肩車をして退場するシーンを覚えている。その当時の日プロの詳しい事情はわからないが、僕たちファンとしては長い間お疲れ様という気持ちだった。

種目によっても違うが、スポーツ選手の現役の年齢は30代までだと思う。正式な意味でスポーツとは呼べないプロレスもまた、そのピークは30代まででそれを過ぎれば引退し、後進に道を譲るというのが正しい形ではないか。実際の年齢はもう少し上だったという説もあるが、力道山は30代後半で亡くなったことで選手生命を絶たれた。力道山亡き後、日本のプロレスはなくなっていくのではないかと言われたこともあったが、豊登を経て、馬場、猪木と継承され、昭和40年代前半は人気を継続した。ほぼ馬場と同じ時代に全盛期を誇った大相撲の大鵬やプロ野球の長嶋茂雄は、僕が中学生から高校生にかけての頃、30代で引退している。

しかし、その後、馬場は60歳まで、猪木は50代を過ぎてまで現役を続けていった。吉村と立場は違うとはいえ、肉体的にはとうにピークを過ぎた後も、老いた姿を僕らに見せ、悲しい気持ちにさせていった。潔く、30代末か40代初めに引退していたならば、プロレスはその後衰退の道を歩まなかったかもしれない。

僕が今も前田日明ファンなのは、彼が衰えたとはいえ、まだ前田日明の姿をかろうじて保っていた時にスパッとやめたことにある。そして、その後復帰のオファーを断り今に至っていることにある。レスラーの正常な新陳代謝をしていかなかったことが、プロレス衰退の一つの原因であることは間違いない。

吉村以外で印象に残るのは、坂口征二だ。１９６９（昭和44）年にアメリカの修行を終えて日本に帰ってきた。アナウンサーが「凱旋帰国」という言葉を何回も使っていたのを覚えている。また、「柔道日本一」という言葉もよく聞いた。馬場についで身体が大きく、顔もかっこよく、柔道界でも有名だった坂口は、当時の日プロの次代のスターとして嘱望されていたのだろう。フレッシュで、何か頼もしい存在として僕の目には映っていた。試合そのものはあまり印象に残っていないが、アトミックドロップやネックハンギングなど豪快な技を繰り出し、荒削りだが外国人レスラーに見劣りしないパワーを感じる唯一の日本人レスラーであった。猪木とともに、これからの日本のプロレスを担う雰囲気を漂わせていた。

その坂口は、やがて猪木の日プロ追放の際に、猪木が発した「坂口なんて、片手で3分だ」という挑発に対して反論したりすることもあった。猪木が追放された後、馬場とタッグを組んで東京タワーズというチーム名で試合をしていた頃は、「坂口の方が馬場より実際はもう強いのではないか」というような声が聞こえるくらいになっていた。その坂口も馬場が日プロを去ってしばらくして、対立関係にあったと思われた猪木の新日本に合流する。スター三人を失った日プロは崩壊の道をたどっていく。坂口に関しては、新日本プロレスの章でもう少し述べたい。

この他に大木金太郎がいた。大木金太郎のことをリングアナウンサーは必ず、「キム・イルこと大木金太郎」とアナウンスした。最初の頃、「キム・イルこと」とはどんな意味があるのだろうと子どもの僕は思っていた。大木金太郎は朝鮮人で、力道山に憧れて、日本に密入国してプロレスラーになったという前歴を持っていた。大木についての詳しいことはその当時の僕は全く知らなかった。その後、大木は馬場、猪木、マンモス鈴木の若手三羽がらすと同じように将来を嘱望されるレスラーであったことや、ガチンコのプロレスではかなりの実力者であったこと、アメリカ遠征は馬場などに比べて遅れたものの、アメリカではそれ相応の活躍をしたことなどを知る。

ただ、僕が昭和40年代前半頃に見た大木はとても地味なイメージだった。「石頭の金ちゃん」と言われ、頭突きが得意技で、一本足頭突きがフィニッシュホールドとして定着していた。前述したが、特にボボ・ブラジルとの頭突き合戦は強烈に記憶に残っているものの、それ以外はあまり深く記憶には残っていないのだ。実直で真面目な雰囲気で、アジアタッグチャンピオンなどを保持していたが、後輩の馬場や猪木よりもかなり下の存在に甘んじていた。後に猪木や馬場と試合をした時のように、闘志を前面に見せることはなく、精悍さもなく、黙々と試合をこなしている脇役として映っていた。日本人ではない大木は、真の実力はあるものの、ポジション的に上位にいけない状況であったのかもしれない。

大木は猪木とは仲がよかったらしい。日本人だが、ブラジルから帰国しプロレスラーとなり、力道山の辛い仕打ちを受けてきた猪木の境遇は、大木の境遇と重なり合うところがあったのかもしれない。そうした若手時代の二人の交流が、後に新日本で試合をした後、抱き合い、涙を見せた場面に繋がっていくのだろう。大木についても、後の章で述べたい。大木が僕に深い印象を残したのは、日プロ崩壊の後だった。

その他に上田馬之助がいた。身体は大きく、ひげを生やして、胸の下に日の丸のついた、片方の肩だけ通す独特のコスチュームを身に着けていた。大木以上に地味な、暗い陰りのあるイメージ。得意技のクロスチョップは覚えているが、それ以外にはあまり印象に残っていない。テレビ中継にも頻繁には出なかった。日プロ時代の上田は、身体は立派だが全く目立たない、寡黙な一中堅レスラーに過ぎなかった。

その上田が大木と同じく、ガチンコが強く、関節技を身に付けた真の実力者であったことを知るのはずっと後のことだ。上田の実力を知る人たちは、そのグラウンド技の実力は猪木に比肩しうると言っている。アメリカ遠征の時も、そうした関節技の力を時にちらっと相手レスラーに知らせることで変なことをさせないようにしたと上田自身が言っている。後に、国プロ、新日本、全日本と渡り歩き、金髪のまだら狼として、日プロ時代の上田とは全くの別人のヒールとして活躍し、多くの人を震撼させた上田であるが、それは、不遇な日プロ時代の反動であったのかもしれない。上田についても後の章で、タイガー・ジェット・シンとともに述べていきたい。

その他に、グレート小鹿、大熊元司、山本小鉄、星野勘太郎、ミツ・ヒライ、永源遙、佐藤昭雄、高千穂明久、松岡巌鉄などのレスラーがいた。これらの日プロ出身レスラーのほとんどは猪木や坂口、小鹿など数人を除いて亡くなっている。しかし、日プロ崩壊後も日本のプロレス界に多大の影響を与え続けてきた。大木や上田に代表されるように彼らは、プロレスの本来持っている怖さというものをもっていたレスラーだった。

やがて、日プロは崩壊への道を進んでいく。そのきっかけとなったのは、猪木の会社乗っ取り計画が露見し、その責任を取り、猪木が会社を追放されたことに始まる。その頃、僕は中学生だったので、詳しい事情は知らない。その後、その当時のことについていろいろな人が状況を述べているが今なお、真相は定かではない。日プロの一部幹部が放漫経営をしていたことに対して、猪木や馬場が改革をしようとしていたが、それが途中で発覚したなど。ただ、そのことに関しては自分はあまり興味がなかった。とにかく、当時、馬場と並んで二大エースだった猪木がいなくなったという喪失感は感じていた。

馬場を日本テレビ以外では放映しないという約束を破られた日本テレビが放送を打ち切る。そしてNET（現テレビ朝日）の単独放送となる。それによって、NET系の番組を当時見ることができなかった愛媛県南部に住む僕たちは、プロレス放送をしばらく見ることができなくなった。日本テレビは、金曜日夜8時のプロレス放送終了の後に、伝説となったドラマ『太陽にほえろ！』をスタートさせる。大のプロレスファンを自認する僕は、憤り、しばらくの間、『太陽にほえろ！』を見ることを拒んでいた時期があった。

猪木追放後、馬場・坂口路線が敷かれるが、やがて馬場が日本テレビと組み、全日本プロレスを創設していく。馬場を失った日プロは、坂口・大木路線で行くが、坂口も脱退し、猪木と合流する。エースがすべて去った日プロは、残された中堅レスラーの大木や上田などで継続しようとするがついに崩壊していく。力道山から始まる老舗、日プロはあっけなく最後を迎える。この当時、すでに全日本などに興味関心が移っていた僕は日プロの最後をはっきりとは覚えていない。ようやくエースとなった大木がエリックなどと試合をしている写真をプロレス雑誌で見たのを少しだけ覚えている。馬場・猪木のいない日プロは、僕たちプロレスファンの興味の対象から完全にはずれていった。日プロの崩壊によって、僕のプロレス史の第一期は終了した。日プロの崩壊は、後に様々なプロレス団体が内部分裂したり、離合集散を繰り返していくその最初の事象であった。日プロの崩壊が示すように、組織としての企業体制が十分に確立されないまま今日に至っていることもプロレスがその地位を失っていく大きな原因となっている。

日プロを見始めた頃、小学生であった僕は、他の子どもに「プロレス馬鹿」と言われるほどプロレスが好きだった。プロレスが大好きだというのを公言してはばからなかった。プロレスが好きだということに誇りを持っていたといってよい。金曜日のプロレス中継の翌日、学校でプロレスの話をよくした。多くの男の子はプロレスを見ていた。力道山の頃には及ばないが、あの当時でも視聴率は30％くらいはあったと思う。大人たちもプロレスに胡散臭さを感じ、真剣勝負ではないと思いつつも、数少ない娯楽として、プロ野球や大相撲と同列でプロレスを認識していたと思う。ベースボール・マガジン社の『プロレス＆ボクシング』という雑誌があり、時々買っていた。プロレスがボクシングと同じレベルで考えられていた時代だった。

僕はボクシングも好きであった。プロレス中継をテレビで見る前から、ボクシング中継を見ていた気がする。番組はかなり夜遅くにあったように思う。タイトルマッチ以外の普通の試合も中継していた。はっきりと記憶しているのは、解説者に郡司信夫さんという人がいたことだ。随分変わった名前だなあと思っていた。アナウンサーが「郡司さんの採点では……」などと言っていたのを覚えている。ファイティング原田や海老原博幸、沼田義明、藤猛などのボクサーが僕の小学生時代に世界チャンピオンとして活躍していた。ボクシングはボクシングで魅力的であったが、ボクシングはプロレス以上に暗い雰囲気で、時には全くおもしろくない、消極的な試合があった。リアルだが地味なスポーツのイメージで、子どもにとっては馴染みにくかった。ただ、世界タイトルマッチは強烈に記憶に残っている。特に日本人がＫＯで負けるシーンは、あたかも人が殺される場面を見たような衝撃を受けた。

ボクシングのリアルさストイックさとは対照的に、プロレスにはどこか隙があった。相手の攻撃をかわしながら、時にはフェイントを使い、とにかく自分の攻撃を容赦なくして、相手を倒すというボクシングや相撲やレスリング等の格闘技とは異なり、プロレスには相手の技を敢えて受けるという余裕、あるいは遊びがあった。お互いの暗黙の了解で、簡単には持ち上がらない人間を持ち上げて放り投げる、放り投げさせるということで大技が成立するプロレスは、ほとんどパンチがヒットせず、またはほとんど技がかけられずに、お互いに牽制し試合が消化不良で終わり、見る者に時にストレスを感じさせることもあるリアルな格闘技と違い、解放感や成就感があった。スキッとクリアに技が決まる心地よさがあり、特に子どもにはそれがわかりやすく映ったのだろう。

後に猪木対モハメド・アリ戦が、リアルな格闘技ゆえに膠着状態が続き、猪木側からすればプロレス技の披露がないことで、格闘技への理解が未成熟だった時代の人々から大不評を買い、世紀の凡戦、茶番劇と酷評された。それとは全く違い、きれいにコブラツイストをかけ、ドロップキックを見舞い、アトミックドロップで尾底骨を打ち付けるプロレスは、見ていてわかりやすかったから、子どもも含めて、大衆に支持されていたのだ。

僕ら子どもはプロレスの技を見よう見まねでよくやった。しかし、コブラツイストはかけても身体の柔らかい子どもには全く効かなかった。ドロップキックは、相手にかわされて当たらなかった。アトミックドロップは、持ち上げて膝に打ち付けようとする前に腰をまっすぐされ、尾底骨がうまく膝にあたらなかった。子どもながらにプロレス技は効き目がなかったり、うまく当たらなかったりすることを当然知っていた。

プロレスは、お互いの了解があるゆえに、繰り出す技が決定的なダメージを与えないようにしている。中には、寸止めで本当には当たっていないという人もいるが、僕はそうは思っていない。映画やドラマのようにもし寸止めであるならば、プロレスが日本に輸入された初期の段階で人々は見限っていただろうと思う。ある程度の力で、急所ではない鍛えた場所を打つ、受け身がとれるように投げるということが基本ルールとしてある。演出効果を高めるため、流血することも多々あるが、前田対藤波戦のような偶然にキックが当たり大量の出血をした場合を除いて、出血してもそれほど問題でないところ（額など）を傷つけることも基本ルールだ。

プロレスは顔面にパンチを入れることを禁じている。さらに、ロープエスケープがあり、そこで一時退避できたり、膠着状態をなくしたりすることができ、それが見やすさとなっている。それはプロレスの甘さやリアルさのなさでもあるのだが、現在の総合格闘技などを見ると、特にUFCの試合などはリアル過ぎて、家族で夕食を食べながら見ることができるものではない。一部のコアな格闘技ファンが部屋に閉じこもり、他のことは何もせずに一心不乱に見るものだ。

プロレスは甘さ、柔らかさがあるゆえに、かつてお茶の間で家族がそろって、わいわい言いながら、ある意味楽しみながら見る許容量があった。そして、レスラーのしぐさ、レフェリーの対応にどこかユーモアがあり、時に笑顔で見たりする、万人に受け入れられる要素が多分にあったと思うのだ。人々は、あれ、本気でやってないんじゃないかと思いながらも、基本的なプロのレスリング技術や老獪な反則技を見せながら、技を受ける時は思い切って受けるプロレスの光景に知らず知らずのうちに引き込まれていたように思う。

プロレスが好きだった小学生の僕はよく友達とプロレスをした。場所は学校の教室や砂場、家の中、たんぼの藁の上などだった。いつも、自分よりも弱い子を相手に選んでやった。小学校の教室で、授業と授業の間の休み時間に、N君という子にプロレス技をよくかけていた。ジャイアント馬場が時々見せていた、ジャイアントバックブリーカーをかけて、N君の腰を痛めつけていたら、苦しくなった彼が、上にいる僕の顔に向かってつばをはきかけてきたこともある。チャイムが鳴るギリギリまで技をかけて、チャイムですぐにやめて、先生が教室に入ってきたら、学級委員の僕は何食わぬ顔で「きりーつ」と言ったりしていた。N君は勉強が苦手で、身体も小さい子だったが、怒ると何をしでかすかわからない子だった。怒った時は、画鋲を投げてきたり、鼻くそをつけてきたりすることがあった。僕の父親は辨吉《べんきち》という変わった名前だったのだが、N君は僕にやられて怒るとなぜか僕のことを「べーン」と言って、反撃してきた。僕はN君が好きだったが、よくプロレス技をかけて困らせていた。

転校生の細い身体をしたY君とはよく、廊下でプロレスをしていた。とにかく、しつこく技をかけ、Y君を嫌がらせた。Y君が苦しむのを楽しんでいるような感じで技をかけていくが、Y君はそれでもいつもどこかに笑顔を残して、僕の攻撃に耐えていた。後から考えると、僕のことを本当に嫌な奴だと思っていたに違いない。思い出すと恥ずかしく、胸が痛む。そんなY君も中学生になると剣道部に入って、筋骨たくましい身体になり、僕よりも遥かに強そうな男に成長していった。

僕より、二つ下と三つ下に苗字は違うが、名前は同じで、僕はいつも「シン」と呼んでいた子が二人いた。僕が最もプロレスをしたのはその二人のシンとだった。二つ下のシンとは家も近かったので、よく家の中でプロレスをした。親に怒られたことは記憶していないので、たぶん、誰もいない時にやっていたのだろう。最低一時間くらいはしていた。二人とも汗だくだくになってやっていた。シンは僕の攻撃の途中で泣き出す。そうなってしまった時は、それで終わらないようにするために、急に力を弱めて、一時的にやられてやる。そうするとシンは泣き止んで、プロレスを続行してくれた。嫌がるシンをあの手この手を使ってプロレスをさせていた感じだった。

もう一人のシンとは、学校の砂場で放課後よくやった。砂場は土よりやや柔らかいので、身体が地面に落ちても痛みが少ないためやっていたと思う。シンも嫌々僕につきあっていた。シンがもうやる気がなくなりそうになると、僕はシンの得意技を敢えて受けた。シンの得意技は、頭突きだった。ブラジルや大木金太郎の得意技の頭突きを受けて倒れて、やられたふりをしてシンの気持ちを立て直させながら、プロレスを続け、最後は僕がフォールなりギブアップなりを奪う展開だった。

秋には稲刈りの終わった田んぼに、藁が高く積んであり、そこでプロレスをした。藁の上はフカフカで好きなようにバックドロップなどの投げ技やドロップキックなどの跳び技ができる絶好のリングだった。

また、人間相手のプロレスとは別に、自分一人でできるプロレスもしていた。一つは人形を使うものだ。昔のことなので、プロレスラーの人形などはなかった。あっても買ってもらえなかった。そこで僕は、妹が持っていた女の子の人形に目をつけた。女の子の人形は顔が大きすぎ、可愛すぎてプロレスラーにはなれない。そこで、僕は可愛い顔を首からはずした。そうすると首が残る。その数センチの長さの首のところに黒のマジックでプロレスラーの顔を描いた。服を全部脱がせて、胸には筋肉を腰の部分にはタイツを、脚の部分にはリングシューズを描いた。そのようにして、二体のプロレスラーを作り、座布団をリングにして、二つのプロレスラー人形を自分の思うままに戦わせた。片方を馬場などの日本人レスラー、もう片方を外国人レスラーにして、それぞれの得意技を出させて戦わせた。

しかし、この方法では人形が必要だ。人形なしでいつでもプロレスを楽しむことはできないかと考えて生まれたのが、手プロレスだ。両手を使ってプロレスをする。ドロップキック、バックドロップ、ジャーマンスープレックス、ダブルアームスープレックス、フロントスープレックス、コブラツイスト、カナディアンバックブリーカー、パイルドライバー、ネックブリーカー、フライングボディアタック……どんな技でもできる。いつでもどこでもできる。本当に便利なのが、手プロレスなのだ。僕は今でもちょっと暇になった時に、知らず知らずのうちに手プロレスをする時がある。

僕の子ども時代の最大の趣味として、プロレスは僕の心や身体の深くに浸透していった。

小学生から中学生、そして高校生へと成長するにつれて、友達はプロレスから離れていったが、僕は依然としてプロレスのファンであり続けた。ミスター高橋が暴露本で示したプロレスの裏の部分をどこかでは感じながらも、プロレスから心が離れていくことは30歳の頃までなかった。

第2章

国際プロレス

僕が日本プロレスを見始めた頃より少し後れて、1968（昭和43）年からTBS系の大分放送で国際プロレスを見ることができるようになった。たぶん、水曜日の夜7時から1時間の放送だった。日プロとは違う雰囲気であったが、プロレス好きの僕は、日プロと同様に国プロも毎週見ていた。

初期の頃はヒロ・マツダなどを中心にしていたらしいが、自分は記憶していない。国プロのエースとして抜擢された、元ラグビーの日本代表選手のグレート草津とルー・テーズが試合を行い、テーズのバックドロップによって戦意喪失した草津がストレート負けを喫した試合も見ていない。草津もサンダー杉山も元々は日プロに入門したのだが、国プロに移籍して、新人ながらエースとしてスタートしたということはずっと後になってから知る。テーズと新人レスラー草津との実力差は歴然としてはいただろうが、国プロの船出となる試合が、テーズの圧勝に終わったというところは興味深い。アクシデントなのだろうか。それとも、勝つことを前提にして国プロと契約をしたのだろうか。この頃にテーズはダニー・ホッジとＴＷＷＦ選手権試合を行い敗れている。

ルー・テーズは、力道山時代にＮＷＡチャンピオンとして日プロに参戦し、何度となく力道山と名勝負を行ったことで知られている。力道山時代からプロレスを見ている人にとっては、彼こそが外国人レスラー№1の存在であるかもしれない。僕は力道山との試合をリアルタイムでは見ていないのだが、ＹＴで昔の映像を見るとテーズはガチンコ（真剣勝負）でもやはり強かったのだろうという印象だ。バーン・ガニアなどとの試合はとてもおもしろい。ＹＴで昔のアメリカのレスラー同士の試合を見ても、当時からショーアップしすぎて全然おもしろくないのだが、テーズやホッジの試合は今見てもおもしろい。身体は細く感じるくらいシャープで筋肉隆々というタイプではない。しかし、動ける身体、実際の闘いに向いた身体という印象だ。手足が長く、体型はどこか猪木に似ている。さすがの力道山もテーズ相手の試合においてはミスター・アトミックやブラジルと戦う時の姿勢、態度とは違うように見える。自分よりランクが上のレスラーとして尊重して戦っている。

テーズは相手の技を受けるには受けるのだが、ダメージを軽減するためにうまくかわしているといった感じだ。また、パンチなどのラフプレーも時に行い、観客に対してのアピールもうまい。プロのレスリングテクニックとショーマンとしてのテクニックを兼備している。それが、何度もＮＷＡチャンピオンになった理由だろう。そして、テーズの代名詞とも言えるバックドロップは他のレスラーがまねしようとしてもできないオリジナリティを感じる。へそで投げると言われているが、それほど力は使わずに、タイミングを図り、相手の頭をまっさかさまにマットに打ち付けている。キニスキーやドリーなどのバックドロップとは全く違って説得力がある技だった。

そのテーズは、力道山が亡くなった後、一度だけ日プロに来て、馬場と戦っている。その映像を見たことはないが、写真ではある。執拗にヘッドロックをし続ける馬場。確か、バックドロップを失敗したテーズを馬場が押さえ込むという流れだったと思う。テーズが馬場に負けることによって、馬場エース路線のお墨付きを与えた一戦だったのかもしれない。

さて、国プロに登場したテーズはそれ以後は国プロに来ることはなかったと思う。吉原功が社長となった国プロは日プロと違った色を出して、独自のファンを獲得していった。ブッカーの役割をしていたグレート東郷が去った後は、ヨーロッパから外国人レスラーが多数来ていた。彼らはアメリカのレスラーに比べて、地味で自己アピールは下手だが、玄人受けするグラウンドレスリングを見せてくれていた。僕は断然、日プロファンだったので、日プロに比べて国プロについてはそれほど強烈な印象は残っていない。ただ、その当時、国プロの方が好きだという子どももいたのは確かで、僕はその子たちの考えを不思議に思ったが、人はそれぞれ好みが違うのだということを感じていた。

さて、国プロで好きな日本人レスラーは誰かと聞かれるとなかなか返答に困るのである。僕にとって、国プロには馬場・猪木に匹敵するレスラーがいなかったからだ。ごく最初の頃は、豊登も出場していた。元々は力道山亡き後の日プロのエースであった彼は、やがて東京プロレスを立ち上げたものの短期間で崩壊し、その後、国プロを軌道に乗せるための臨時のエースとして試合をしていた。僕は日プロ時代の豊登をリアルタイムでは見ていない。国プロの時に初めて見た。アンコ型の身体で、太い両腕をクロスさせて、脇の下あたりでパチーンと音を鳴らすのがトレードマークだった。僕ら子どもは細い腕でよくまねたものだが、豊登のような音は出なかった。いつも裸足で、ベアハッグなどの技で怪力ぶりを見せていたが、当時の僕にとって、彼はスマートさに欠け、何か古くさい感じがしたものだ。だから、豊登はあまり印象に残っていないのだ。

敢えてあげると、初期の頃はやはり、サンダー杉山とグレート草津だろう。杉山は東京オリンピック代表、草津は前述したように有名なラグビーの選手で、二人ともこれからのプロレスを担う新人として将来を嘱望されていた。二人とも最初は日プロに入るのだが、結局は新興の国プロに入団する。その事情を僕はよく知らない。おそらく、馬場や猪木をはじめとして、猛者ぞろいの日プロで下からやっていくより、最初からエースの座を保証された国プロの方がいいと選んだのだろう。杉山も草津もアマチュアで名をはせた選手だけにその思いは強かったのではないか。もし、杉山と草津が日プロに残っていたなら、新陳代謝が正常に行われて、やがて坂口などと一緒に若手の有力選手として台頭し、日プロを支えたのかもしれない。

杉山と草津と、どっちが印象深いかと問われれば、僕は杉山だと答える。アンコ型で見かけは決してかっこいいとは言えないが、彼独特のスタイルがあったように思う。得意技は、雷電ドロップと言われていたヒップドロップだった。特にロープ最上段からのは強力な必殺技で、杉山のオリジナル技だった。一方、時々ソバットを見せたりして、太った体型にしては動きが俊敏であった。また、極めつけは、ジャーマンスープレックスができるということだった。あの体型でこの技ができる選手というのは他にいないのではないかと思う。アマレスのオリンピック選手だったということを証明するもので、身体がとても柔らかかったのだろう。杉山はストロング小林が登場するまでは国プロのエースとして活躍し、ビル・ロビンソンを破って、日本人初のＩＷＡ選手権保持者にもなった。

しかし、理由はよくわからないが、やがて国プロを去り、馬場の全日本に移籍して、日本人レスラーが少なかった初期の全日本を馬場とともに支えたりもする。やがて、その全日本も去り、最後は上田馬之助と新日本に参戦する。その頃はもう、国プロ時代の輝きを失っていた。何かの本で読んだのだが、杉山はプロレスラーにしては珍しく、商才があり対人関係が極めて円滑な人物だったという。少しだけ記憶に残っているのだが、プロレス以外の番組でプロ並みの歌を披露していた姿を見かけたことがある。いろいろと多芸な人だったのだろう。とにかく、国プロの初期を支えた日本人レスラーの筆頭がサンダー杉山であることは間違いない。

そして、もう一人、グレート草津だが、身長は坂口に近く、プロレスラーとしてはとても立派な、理想的な体格の持ち主だった。ラグビーをしていたので足腰もしっかりしていただろう。しかし、あまり印象に残った試合がない。足四の字固め、ドロップキック、コブラツイストなどの技を使っていたが、草津独自のオリジナル技はなかった。ＩＷＡのタッグ選手権を保持していたが、片方のレスラーの引き立て役としてのイメージが強い。

強く印象に残っているのは、全日本でのオープンタッグ選手権における試合だ。草津はラッシャー木村とタッグを組んでいた。一つ目は、馬場&ジャンボ鶴田組と戦った試合だ。全日本のエース組と国プロのエース組との試合で緊張感のある試合だった。草津は日プロ時代のある時期、馬場の付き人だったこともあったらしく、木村の闘志溢れるファイトに比べて、馬場に対してはやや引いた試合をしていたように思う。一方、鶴田に対しては真っ向から勝負していて、当時の鶴田にそうは負けていなかった。結局、草津は馬場にフォール負けをする。それを見ていた木村が、俺たちはまだ負けていないとばかりに馬場や鶴田に突っかかっていくのを、パートナーの草津が止めに入ってしまう。馬場と草津との関係、全日本と国プロとの力関係をその姿に見たような気がして、少し気の毒になった。

二つ目は、大木金太郎＆キム・ドク組との試合だ。この頃の大木＆ドク組はとても強かったという印象がある。二人の師弟コンビはうまく連携していた。大木が際どい反則攻撃を仕掛け、相手を挑発する一方でドクは大きな身体を使って、荒っぽい攻撃を仕掛けていた。この頃、全日本最強だった馬場＆鶴田組は何度か、大木＆ドク組にインターナショナルタッグ選手権を奪われている。その大木＆ドク組と木村＆草津組との試合は、対馬場＆鶴田組との試合以上に他流試合の緊張感があり、おもしろかったと記憶している。どっちが勝ったのかは忘れてしまったが、木村＆草津組は大木＆ドク組に全くひけをとっていなかった。ドクに対して、木村＆草津とも体力的に全然負けてはおらず、馬場＆鶴田組よりも大木＆ドク組を窮地に追いやっていた印象がある。この頃の草津は、エースになっていた木村に負けない実力を保持していたのではないだろうか。

詳しいことはわからないが、草津は国プロが崩壊するまでに選手としては引退していたと思う。恵まれた身体を十分に生かせずに選手生活を終わった感がある。草津に対して、その当時一緒にいたレスラーたちがかなり辛辣な批判をしているのだが、国プロを支えたレスラーの一人だということは疑いない。

杉山と草津以外に印象に残っているレスラーは、ストロング小林だ。国プロの充実期を支えた第一人者が小林だ。ボディビルダーから国プロに入団する。筋肉隆々の立派な身体。少し猪木に似ている風貌。杉山や草津の後に国プロのエースとして一時代をつくる。ロビンソン戦、後にアンドレ・ザ・ジャイアントとなるモンスター・ロシモフ戦、ドン・レオ・ジョナサン戦など当時の国プロの強豪外国人レスラーとの一戦はエースとしての力を十分に発揮していた。

僕が一番覚えているのは、1973（昭和48）年に行われたラッシャー木村との一戦だ。国プロのエースの座をかけて戦った試合だった。当時はランクの上位の日本人同士の試合がほとんど行われていなかった。結局、馬場対猪木戦も行われなかった。そうした状況の中で、力道山対木村政彦戦以来の大物日本人同士の対決として注目されていた。今になって考えるとこれは画期的なカードだったといってよい。この試合以後、猪木対小林戦、猪木対大木戦などが行われていくのだが、その先鞭をつけたカードだ。新日本や全日本に常に遅れをとっていた国プロが起死回生を狙った注目の一戦だった。小林、木村とも肉体的にも充実し、一番いい頃だったかもしれない。

両者、得意技を連発したが、試合は小林が2対1で勝ち、決着がついた。しかし、試合内容そのものはそれほどおもしろいものではなかった。それはあまりにも試合の展開がすっきりしすぎていたからだ。プロレスは相手の技を受けることを前提としてはいるが、いつもそうではなくて、時には相手の技をすかしたり、受けることを拒んだり、うまく技がかからなかったりする場面が必要だ。僕はそれを両者間の「摩擦」と呼んでいる。きれいに技が決まる爽快感がプロレスの魅力だが、格闘技のようにそう簡単には技が決まらない困難さを時には見せてくれる場面があることで、プロレスの魅力はさらに強くなると僕は思っている。僕が現在のプロレスに興味がないのは、「摩擦」がないからだ。

その意味で、小林対木村戦は、エースの座を争う闘いにしては「摩擦」が少なかったように思う。結果は小林勝利に決まってはいたのだろうが、それに対してどこかで抗う木村の意外な攻撃とそれに対応する小林の姿勢が見たかった。そういう意味で物足りなさを感じた。

僕が国プロを日プロほど好きにならなかったのは、当時国プロに来ていた結構強い外国人レスラー、ロビンソンやロシモフ、ジョージ・ゴーディエンコ、ジョナサンなどに対して、それほど強いと思わなかった日本人レスラーがすっきりと勝っていたことにあった。

馬場や猪木のように徹底的にいたぶられる程にやられる場面が少なかったことにあった。対戦する両者のしのぎあいの深さが日プロが国プロより魅力的に映った一番の理由であった。

小林対木村戦は試合内容においてはそれほどインパクトを与えられるものではなかったが、国プロの新しい試みとしてはよかった。小林はやがて、国プロを脱退する。そして、新日本で猪木と闘い、これまでの小林の試合で最も輝く試合を残す。その試合については、新日本プロレスの章で述べたい。

小林の後に、エースの座についたのが、ラッシャー木村だった。木村は元々は、大相撲の出身だった。猪木が豊登と一緒に旗揚げし、短期間で崩壊した東京プロレスに参加していたこともあった。その後、国プロへ移籍するが、若い頃の木村はほとんど印象に残っていない。立派な体格をしてはいるが、人を押しのけて出世していくようなタイプとは対照的な性格だった。寡黙で、犬をこよなく愛する好人物であったようだ。僕は木村に対するレスラーたちの悪口を雑誌等で目にしたことがない。

やがて力道山のような黒いタイツをはいて、金網デスマッチの鬼と呼ばれて頭角を現していく。マッドドッグ・バション、オックス・ベーカー、ジプシー・ジョーなどとの流血マッチは雑誌の写真等でよく取り上げられていたが、僕はあまり興味がなかった。血を流すことで観客をエキサイトさせる手法は安易に感じられ、美しく見えなかったからだ。

いつだったか一度だけ、国プロの試合を見たことがある。今、宇和島市の南予文化会館がある場所に、以前は大宮ホールという建物があった。前にステージがあるホールで、通常は演劇やコンサートを鑑賞する場であったが、そのステージにリングを置いてプロレスの興行があった。何かどさ回りのような雰囲気で、そのリングでダニー・リンチという名前のレスラーが流血ショーのような試合をしたのを覚えている。

さて、ストロング小林との一戦は前述したが、木村に関して、国プロマットでの試合で印象に残っている試合はあまりないのだ。ただ、小林が去った後、事実上、国プロのエースにやっとなった頃の木村は強かった。昭和50年代に入ってしばらくした頃になると、猪木の力にやや限界が見え始めていた。当時の日本人レスラーに対する僕の評価では、木村を№１に近い位置にあげていたことがあった。

それを証明する場が、全日本マットでの試合だった。一番印象に残っているのはオープン選手権の試合だったと思うが、対ジャイアント馬場戦だ。それまでほとんど日本人レスラーと試合をしなかった馬場が、国プロのエース木村と試合をするというので注目したカードだ。もうとうに全盛期を過ぎた痩せた馬場とがっちりとした頑丈な身体を持ち、充実期にあった木村との試合。元馬場ファンであった僕は、公正な目で両者の実力をこの試合で見たかった。木村の方がやや押していた展開だった。その試合のフィニッシュはあっけなく、後味の悪いものだった。珍しく四の字固めをかけた馬場。それを苦しみながら、やっとロープに逃げた木村。ここで普通はロープブレークのはずが、大きくマットから身体をはみ出し、リング下にまでも届きそうな木村に対して、レフェリーが場外カウントを数え始めたのだ。そして、結局、木村はカウントアウト負けを喫してしまう。この時、前述した、馬場対ブラジルのリターンマッチでの結末を思い出した。あの嫌な、納得のいかない判定のやり方をこの場面でまた使っているのかと思った。

木村は不公正な判定で馬場に敗れた。全日本と国プロの力関係、馬場と木村のレスラーとしての実力以前の力関係が勝敗を決めていた。その試合を見て、僕は深い失望と憤りを感じていた。木村は決して負けていない。僕はプロレスファンとして、木村への同情の念を禁じ得なかった。かつて馬場に対して抱いていた気持ちが、一層冷めていくのを感じた。ああした試合の積み重ねの上にプロレスの今日の衰退があると確信する。

それともう一戦。それはジャンボ鶴田との試合だ。まだ、20代の若々しい鶴田とどっしりと構えた木村との試合は、内容的には対馬場戦よりもずっとおもしろかった。木村も馬場に対するよりは、鶴田に対して遙かに闘志むき出しで、その実力を十分に見せていた。まだ軽さの見える鶴田を圧倒する場面もあり、それに対して鶴田も必死に抵抗していた。後に余裕を持ちすぎた試合運びで緊張感のない試合を見せていく鶴田だったが、他団体のエースであり、手強い木村に対して、この試合はめいっぱいの力を見せて対抗していた。僕にとって、ジャンボ鶴田の試合の中で記憶に残っている試合のベスト３に入る一戦だった。結果はよく覚えていない。引き分けだった気がするが、木村の強さを十分に見せた試合だった。

その後、木村は前述したようにオープンタッグ選手権でも草津と組み、摩擦間のある試合を見せた。あの頃が木村の絶頂期だったと思う。やがて、国プロは崩壊し、やむを得ず、木村やアニマル浜口たちは新日本に参戦する。その際の木村のリング上での「こんばんは」という挨拶が失笑を買い、揶揄されているが、実直な木村らしいものであったと思い、それへの批判に対して、僕はむしろ憤りを感じていた。

しかし、新日本での木村は、もはやそれまでの木村ではなかった。猪木との試合やアニマル浜口、寺西勇と三人で猪木一人と戦った試合などを、僕は目を覆いながら見ていた。新日本の悲しい仕打ちを心から憎むように見ていた。思えば、あの頃から、完全に猪木の試合はおもしろくなくなり、独善的になり、新日本は衰退へと傾いていったと思う。

予想通り、木村は新日本に使い捨てられ、最後は全日本に行き着く。かつて国プロの威信をかけて戦った馬場もすっかり老いていた。同じように衰えていく自分を自覚しながら、木村は新たな姿を見せていく。兄貴と呼ぶ馬場との良好な関係、寡黙で口べたなイメージを打ち壊す、巧みなマイクパフォーマンス。たどり着いた最後の場所で、木村はレスラーの余生ともいうべき心穏やかな日々を馬場が亡くなるまで送ったのかもしれない。むやみやたらな争いをしない、無理に目立とうとしないラッシャー木村は、最も国プロらしいレスラーだった。

国プロにはその他に、マイティ井上、アニマル浜口、寺西勇、田中忠治、高杉正彦、阿修羅・原、稲妻二郎、デビル紫、米倉天心、アポロ菅原、鶴見五郎、剛竜馬などがいた。その中で印象に残っているのはやはり井上だ。杉山、小林、木村とならんでIWA選手権を保持し、一時、エース的な存在だった。小柄であったが、他の3人に比べて一番気が強かったという印象がある。ヨーロッパ仕込みのテクニシャンという感じで、身体はやや重たい感じがあったにもかかわらず、ドロップキックやサマーソルトドロップなどの跳び技も得意だった。若かったこともあり、国プロ勢の中では一番エネルギッシュだったというイメージを持っている。バーン・ガニア戦、ジャンボ鶴田戦、浜口と組んでの新日本の山本&星野組のヤマハ・ブラザーズとの試合などが印象に残っている。井上がもう少し身体が大きかったならば、国プロの大エースになっていたと思う。

国プロ崩壊後、木村や浜口は新日本を選択するが、井上は行動を共にしなかった。その理由として、猪木とは一緒にやりたくないというような意味のことを言っていた。井上というレスラーの性格を考えた時にその言葉はなんとなくわかるような気がした。

井上は馬場の全日本を選ぶ。井上はそこでそれなりに活躍はした。しかし、レスラーとしての魅力や実力的には鶴田に比肩するものを持ちながら、国プロ出身者ゆえにメインイベント等に登場することはほとんどなかった。その悲哀を感じながら、レスラーの晩年を過ごしたのではないだろうか。全盛期の井上は、もし実現していれば、猪木や藤波、長州らともいい試合をする実力を持っていた。井上は今も健在である。プロレス雑誌で当時の国プロのことについて彼が語っているのを興味深く読ませてもらっている。


これまで国プロの日本人レスラーについて述べてきたが、国プロのすべてのレスラーの中で最も印象に残っていて、代表するレスラーは、無論ビル・ロビンソンである。初期新日本の屋台骨を支えたのがタイガー・ジェット・シンなら、国プロはロビンソンの他にはいない。強烈なインパクトのない、まだ新人の域を出ていない日本人レスラーではなく、国プロのエースは紛れもなくロビンソンだった。

イギリス出身で、「蛇の穴」というジムでプロのレスリングの基礎基本を身に付けていた。反則や荒っぽい攻撃に終始する、怖い外国人レスラーが中心の日プロにはいない正統派のロビンソンは、ある意味、日本人レスラー以外で初めて日本人の人気を獲得したレスラーだった。風貌も万人受けする可愛い顔をしていて、女性や子どものファンを増やしていくのにも貢献した。ロビンソンという名前は、今で言えば、サッカーや野球、バスケットボール等で活躍する外国人選手以上に一般の人にも浸透していた。

ロビンソンの得意技は勿論、スープレックスだった。当時はスープレックスの種類が少なかったので、わざわざダブルアームスープレックスとは言っていなかった。まず、ワンハンドバックブリーカーで相手の腰をしたたか痛めつけた後、すかさずスープレックス。それは必殺技だった。必ず、スリーカウントを奪うものだった。そのスープレックスは、後にいろいろなレスラーがまねをしていったが、ロビンソンのそれが最も説得力があった。まっすぐ後ろに、高くも低くもない弧を描いて、ロックした腕は最後まで放さずに受け身が難しい状態で相手の背中から腰をマットに打ち付ける。そして間髪入れずにフォールの体勢に入る。テーズのバックドロップ、ゴッチのジャーマンスープレックスと並んで投げ技のベスト3に入る美しい技だった。僕たち子どもはその技をまねようとしたができなかった。強い腹筋や背筋とブリッジができる柔らかな身体がその技には必要だったのだ。

ロビンソンは日本人の杉山や草津、小林に実力人気とも上回り、国プロの事実上のエースとして君臨した。ロビンソンは非常に抜け目のない攻撃をした。受けが基本のプロレスだが、ロビンソンは時にチョップを腕でブロックしたり、側転して相手の技をかわしたりすることもあり、そうした点も彼のレスリングの魅力となっていた。

ただ、僕はロビンソンが好きではなかった。なぜかというと、前述したマスカラスのように、独善的なところがあったからだ。特にタッグマッチの時にチームを組んでいるパートナーの反則攻撃に付き合わず、自分だけが正義の味方のような反応を示して、タッグの流れを寸断したりした。時にはそのパートナーと仲違いしたりすることもあった。そうした場面を見た時に、子どもながら偽善的に感じたのだった。ロビンソンの自分だけいい子に見せるクリーンファイトが鼻について好きになれなかったのだ。そういう意味で、ロビンソンは同時期に来日した外国人レスラーには敬遠されていたのかもしれない。ずっと後になって知ったのだが、ロビンソンがピーター・メイビアともめた時に、メイビアにノックアウトされたことがあったらしい。

国プロ時代のロビンソンの試合で一番印象に残っているのはカール・ゴッチとの試合だ。国プロが、日プロのワールドリーグに対抗して、ワールドシリーズというのを行った。ロビンソンは2連覇していた。そして、その第3回大会があった1971（昭和46）年は、ロビンソンの他にカール・ゴッチとモンスター・ロシモフが決勝リーグに進出して三つ巴の戦いを行う。最終的にはロシモフが優勝する。

その決勝リーグでのロビンソンとゴッチの試合は見応えのあるものだった。今振り返ってもいい試合だった。この時、僕は初めてゴッチという存在を知る。ロビンソンは、同じ「蛇の穴」出身のゴッチに全体的には押されていた。それまで数多く見たロビンソンの試合で、初めて彼がテクニックで負けていた試合として深く印象に残っている。結果は引き分けだったと思うが、試合後の二人の表情は、どっちが真の勝者だったかを示していた。この頃が国プロが一番輝いていた時代ではないだろうか。

ロビンソンはやがて新日本で猪木と試合を行い、猪木の名勝負の中でも傑出した試合を見せた。ロビンソンの日本における最高の試合は猪木との試合だ。ただ、肉体的には国プロで活躍していた頃がピークだった。ロビンソンは新日本には長く留まらず、すぐに全日本に参加し、馬場や鶴田、ドリー、ブッチャーなどと試合をしていくが、その時はすでにかつての輝きを失い、数多い全日本の外国人レスラーの一人になっていた。ロビンソンがロビンソンでありえたのは、猪木戦までだった。ロビンソンは好きなレスラーではなかったが、僕の頭の中の実力ランクとしてはドリーよりも上位にある。

他には、前述したモンスター・ロシモフがあげられる。アンドレ・ザ・ジャイアントとして後にアメリカで活躍し、新日本でも猪木や坂口と戦った彼だが、国プロでの活躍がなかったら、そういう道を歩まなかっただろう。あの頃のロシモフはずっと痩せていた。フランス人の元木こりとして紹介されていた。最初は身体が大きいだけのでくの坊という感じだった。小林などにも持ち上げられたりして、他を圧倒するほどの迫力はなかった。それが来日を繰り返す中で、日本のプロレスに順応していき、レスラーとして成長していった。

そして、第3回ワールドシリーズでゴッチのジャーマンスープレックスをくらいながらも負けず、最終的に優勝する。大きくなりすぎて一般のレスラーとはかみ合わない試合をせざるを得なくなったアンドレ時代とは違い、あの頃のロシモフは、普通の試合を見せていた。また、後の傲慢な感じや日本人を寄りつかせないようなところはまだ少なかった。ただ、身体が大きすぎるゆえの孤独感といったものをまとっていた。ロシモフはアンドレとなって、やがて新日本に参加し、猪木などとも多くの試合をするが、スタン・ハンセンや前田日明との試合以外はそれ程印象に残っていない。国プロ時代のロシモフの方が僕の心に残っている。

国プロにもいろいろなレスラーが来日した。ティト・コパ、イワン・バイテン、トニー・チャールズ、ホースト・ホフマン、ジョージ・ゴーディエンコ、マッドドッグ・バション、オックス・ベーカー、ジプシー・ジョー、バロン・フォン・ラシク、ビッグ・ジョン・クイン、ニック・ボック・ウィンクル、ブラックジャック・マリガン、バーン・ガニア、アレックス・スミルノフ、ワフー・マクダニエルなどいいレスラーも多数いた。国プロは国プロの独特の雰囲気があり、日プロびいきだった僕も必ず、テレビ中継は見ていた。日プロだけでなく、国プロがあり、両者が競争・刺激しあうことでプロレスはいい状態が保たれていた。その国プロもやがて崩壊の道をたどっていく。

最後に吉原功代表について述べたい。国プロ出身者が数人集まって過去を振り返る時に話によく出てくる人物は、社長だった吉原功だ。元々は日プロのレスラーで軽量級で活躍した人だった。アマレス出身で若い頃の猪木は彼に指導を受けたという。知的な感じの穏やかな表情をしている人だと子どもながら思っていた。彼は日プロ、やがては新日本や全日本と企業間の競争をする際に独自の色を出す工夫をしたり、または時には交流をし、協力をしてプロレス界のために尽力した人物だ。雑誌上で木村や井上などの話から、彼らが吉原代表を深く慕っているのがわかる。吉原代表に対する尊敬の念を彼らの言葉から感じる。また、彼への悪口をほとんど耳にしたことがない。国プロには、新日本や全日本のように外国人レスラーを引き抜いたり、姑息な手段を使って他の団体を壊しにかかるといったようなことをしたという印象がない。

先日、ＹＴでずっと前に行われたアニマル浜口の引退セレモニーを偶然、初めて見た。長州力が全日本から再び、新日本に戻ることを決断した際に、浜口は引退を決意した。新日本のリングでのセレモニーだったが、見ていて感動した。長州力が涙ながらに浜口にメッセージを送った後、心打たれたのは故吉原功の奥さんが浜口に花束を贈るシーンだ。何を言っているかはわからなかったが、奥さんが一言二言浜口にねぎらいの言葉をかけて、それに対してそれまで比較的無表情だった浜口が手で涙をぬぐっていた。国プロに入ってからの吉原代表や奥さんとの様々な思い出が浜口の脳裏をよぎったのだろう。浜口の引退セレモニーは多くの人に惜しまれながら執り行われ、浜口の人柄を偲ばせるものだったが、それは国プロ時代に吉原代表によって培われたものだったかもしれない。国プロは新日本や全日本との競争に敗れはしたが、吉原功の人徳に触れた国プロ出身レスラーは、深い郷愁の思いで吉原代表や国プロ時代を今も回顧しているのではないだろうか。

第3章　新日本プロレス

僕にとって一番強烈に印象に残っている団体は、新日本プロレスである。新日本は、日本のプロレス団体のトップとして、現在も存続し、近年、再び人気を取り戻していると聞く。多くの団体が消滅していった中で、様々な紆余曲折を経て約50年近くにわたり、継続しているということはすばらしい。特に創立した１９７２（昭和47）年から１９８７（昭和62）年頃までの新日本が好きで僕は夢中になって見ていた。「プロレスが好き」と他人に公言できるレベルの試合を新日本、とりわけアントニオ猪木は僕たちに提供していた。本書の中で一番ページ数をさいて記述するのは本章である。

日プロを追放された猪木は、山本小鉄や木戸修、柴田勝久、魁勝司、藤波辰巳など少数の日本人レスラーを引き連れて新日本を立ち上げる。最初はテレビ中継がされておらず、いつ倒れてもおかしくない状態であったと聞く。当初はカール・ゴッチ自身や彼が招聘した名前が全然知られていない地味なレスラー、例えばレッド・ピンパネール、ジャン・ウィルキンス、ターザン・ジャコブスなどと猪木は試合をしていた。ゴッチとの試合は名勝負といわれているがテレビ中継がなかったので写真でのみ知るくらいであまり記憶に残っていない。

そういう状況の中、崩壊寸前の日プロから坂口征二が移籍してくる。スーツを着た猪木と坂口の二人が晴れやかな笑顔で、新しいスタートを切る姿が雑誌に載っていたのを今でもよく覚えている。二人ともまだ20代後半で新しい風がプロレス界に吹くことを予感させた。その時に思ったのは、猪木が日プロを追放される時に「坂口なんて、片手で３分だ」と言って坂口を挑発し、坂口もその挑発に乗って応戦し、舌戦をくり広げた両者がよく合体したものだということだった。また、坂口は猪木よりも馬場との方が性格的にうまくいくのではないかと思っていた。しかし、この合体は結果的には成功だった。それはＮＥＴ（現テレビ朝日）のテレビ中継がこれによって決定したということもあるが、それ以後の猪木・坂口の関係を見ていった時に、両者の性格が違いすぎることで、団体としてのバランスが保たれていた。また、坂口が一歩退き、猪木をエースとして前面に出す体制を敷いたことも新日本が成功していくことに繋がる。坂口は、「馬場さんにも恩義があったが、自分と対照的な猪木さんと一緒になってよかった」と述懐している。

あの頃の猪木と坂口は若さに溢れていた。猪木は日プロ時代よりも体重を絞り、身体がシャープになっていた。また、表情も豊かになり、闘志を前面に出すスタイルに近づきつつあった。一方、坂口はあの頃が一番太っていた。猪木に比べても遙かに立派な身体をしていた。坂口の全盛期は日プロ晩期から新日本参加後の数年だと思う。

二人が合体した直後、僕が15歳の頃だったと思うが、新日本の興行が愛媛県の宇和町（現在の西予市）であった。体育館ではなくて、野外の警察署横の広場で行われた。初期の新日本は屋内の体育館で興行を行うだけではなく、野外でも興行を行っていたようだ。僕は親戚のプロレス好きのおっちゃんとそれを見に行った。ライトを照らしてはいるが、結構暗いリングで試合は行われた。あまり有名でない選手との試合で、試合内容はほとんど覚えていない。地方で行うプロレスというものはこんなもんなんだなと思った。

その日、僕の脳裏にしっかりと記憶に残っていることが一つある。それは試合前、猪木と坂口が肩を組み並んで立っている写真が表紙になっているパンフレットを持って、坂口と猪木にサインをしてもらった時のことだ。筵か何かに座っていた坂口にまずサインをしてもらった。坂口の腕の太いのに圧倒された。丸太のような長くて立派な腕だった。坂口はサインを待つ人たちに、「きちんと並んで！」というふうなことを大きな声で指示していた。その後、猪木にサインをしてもらいに行った。脚立の上に座っていた猪木は無言でサインをしてくれた。とても静かな雰囲気で、大声を出していた坂口とは対照的であった。それまでの猪木と坂口のイメージとは真逆の対応の仕方を意外に感じたのをよく覚えている。「猪木さんは寡黙な人だった」と前田日明は自分が新弟子時代の時の猪木を回想して述べていたが、元々の猪木の性格とはそういうものだったのだろう。

初期の頃の猪木のシングルの試合はそれほど印象に残っていない。敢えてあげれば、ジョニー・パワーズとの試合くらいだ。パワーズは容貌はかっこよく、猪木より一回り大きく、動きはややスローだった。得意技はパワーズロック、なぜか八の字固めと言っていたが、実際は四の字固めだった。パワーズは結構強いレスラーで猪木を圧倒する場面もあったが、何か試合はかみ合っていなかった印象がある。猪木はパワーズとの試合に勝利し、あまり知名度のなかったＮＷＦ選手権を奪取し、新日本に初めてのベルトをもたらす。これはＩＷＧＰが設立されるまで、新日本の看板ベルトになり、猪木は様々な挑戦者と名勝負を繰り広げていく。

ただ、初期の頃は、猪木＆坂口組のタッグの試合の方が記憶に残っている。特にテーズ＆ゴッチ組とのタッグの試合は当時注目された一戦であった。テーズのバックドロップ、猪木のブリッジしての変形フォールなどの技が印象的だったが、僕はそれほどおもしろい試合だとは思わなかった。絶頂期の猪木＆坂口組と、衰えの隠せない中年のテーズ＆ゴッチ組の試合は摩擦感が薄く、激しさに欠け、心を引きつけるほどの内容ではなかった気がする。若い猪木&坂口組は伝説の二人に少し遠慮していた感があった。ただ、猪木も坂口も二人が一緒にタッグを組んで、自分たちの師匠とも言うべきレスラーとの試合をのびのびと楽しんでいるような印象を持った。

この試合よりもやや後に行われたと思うのだが、北米タッグ選手権試合で対戦した、カール・フォン・ショッツ&クルト・フォン・ヘス組との幾つかの試合が僕には強烈に印象に残っている。ヘスは国プロに来日したことがあったが、ショッツの方は初来日ではなかったかと思う。そのコンビはとても強かった。ブルーザー&クラッシャー組やスナイダー&ホッジ組、キニスキー&バレンタイン組と同格くらいのインパクトがあった。その映像は、YTでも見ることができないし、その後、このコンビが雑誌等で取り上げられることがほとんどないので知らない人も多いのかもしれない。詳しい試合の内容は忘れてしまったが、とにかく抜け目のないレベルの高い連携プレーで日本人チームを攪乱し、簡単に負けなかった印象がある。全盛期の猪木&坂口組に対して、高度なタッグ技術で寄せ付けなかったように記憶している。何度も挑戦して、やっとのことで猪木&坂口組は勝利を収めたのだったと思う。新日本のタッグチームの中でシン&上田組と同じように印象に残ったチームだ。もう少し、マスコミ等で取り上げて欲しいタッグチームだ。

また、この他にハリウッド・ブロンドスというチームもいた。身体は大きくないがすばしこく動き、狡猾な方法で日本人をいたぶる戦法でタッグの奥義を垣間見せてくれた。

　こうした新日本初期のタッグの試合においては、僕は坂口の方が猪木より強さを感じていた。猪木の技はどこか地味であり、それに比較して坂口は豪快でわかりやすく、特に大きな身体の外国人とやってもひけをとらず、頼もしく感じたものだ。やがて坂口は猪木に次ぐ二番手としての役割を演じ、エースの外国人レスラーとまずやって負け、その外国人レスラーの強さを観客に見せつけて、その後に猪木が対戦し勝つという流れができていった。しかし、坂口対アンドレ、坂口対ハンセンなどの試合はある意味、彼らと猪木との試合よりもかみ合っていた。坂口は大きな外国人レスラーと体格面で真っ向から勝負することができた唯一の日本人レスラーと言えた。

　ただ、坂口はある時期を境にして、やや痩せて身体の衰えを感じさせるようになり、新日本に移籍した頃の強さを失っていく。腰が悪いイメージがずっとあった。

　新日本は、ＮＷＡとのラインを馬場全日本に握られ、初期の頃は無名であまり実力のない外国人レスラーしか来なかった。全日本が、馬場の人脈から有名な外国人レスラーを招聘していたのと対照的であった。しかし、そのことが、無名だが実力があり観客の心を捉えるレスラーを誕生させる要因になっていった。タイガー・ジェット・シンの登場である。

1973（昭和48）年、友人のレスラーの試合を観客席で見ていたシンが、突然リングに乱入し、山本小鉄を急襲するところから、シンの参戦が始まる。実際はカナダ人であったが、インド系で、ひげを蓄えたハンサムな風貌と190センチ近い立派な身体をしていた。最初は何か田舎風な垢抜けない地味な印象だったが、次第に頭角を現していく。初期の頃の坂口との対戦においては、坂口が圧倒していた記憶がある。最初はそれほどインパクトのあるレスラーではなかった。それが猪木との試合においてその才能が開花していく。シンは貧弱な外国人レスラーが大半を占めていた新日本のまさに救世主であった。新日本の外国人レスラーを一人あげなさいと言われれば、僕は迷うことなくシンと答える。そのくらいシンのプロレスはエキサイティングだった。

その魅力は、まず、基本的なインドのグラウンドレスリングがベースにあることだった。最初からラフな攻撃を仕掛けるのではなく、時には手や脚を取るオーソドックスな展開からスタートすることもあった。地味ながら玄人受けする猪木との攻防は見応えがあった。やがて凶器を使ったり、首を絞めたりする反則技一辺倒になる。フィニッシュホールドは、反則技ともいえるコブラクローだった。特に見栄えのする技ではないが、執拗に繰り返し説得力があった。時にはブレーンバスターなども出したが、僕が一番説得力を感じていた技は、強靱な脚の力を発揮した首四の字固めだった。そのしぶい技は本気で絞めればギブアップさえ奪えそうに思えた。時に起死回生の素早いキックを相手の腹に決めたりもした。シンの最大の魅力は、ほとんど攻撃に終始して、攻撃をされることが少ないことにあった。とことん、妥協することなく相手を痛め続ける。大技ではなく、シンプルな殴る蹴る絞めるといった技で執拗に攻める。相手が反撃してきたら、哀願するポーズをいったんはするのだが、相手の隙をついて再び攻撃に移る。これでもかこれでもかという攻撃オンリーのプロレスがシンの真骨頂だった。

その攻撃にさらされるターゲットとして猪木は最適だったのだ。シンとほぼ身長は同じだが、シンに比べればやや細さを感じさせる猪木のしなやかな身体が、シンの攻撃を受けてのたうちまわる。屈強な男に打ち倒されている女のような感じさえするその姿が魅力的であった。さらにそうした攻撃を受けた猪木が、顔面血まみれになりながら、怒りの感情をもろに出して、シンに立ち向かっていく。その姿に観客たちは引き込まれていく。馬場と猪木の魅力はやられる姿にあると前述したが、猪木の魅力は馬場以上に相手の攻撃を徹底的に受けて苦しむ姿にあったといってよい。それを受け入れるだけの体力が、あの当時の猪木には満々とあったのだ。

日プロ時代は、あまり感情を表に出すことをせずに黙々と試合をしていた猪木の闘魂に火をつけて、痛さや怒りを観客に伝わるように表現するレスラーへと変貌させたのが他ならぬシンだったのだ。このシンとの戦いから猪木はいわゆる、万人の知っている「闘魂猪木」になっていった。微妙な感情を身体全体で表現し人々に訴える、余人をもって代えがたい存在のレスラーへと変貌していった。無名だが実力のあるレスラーの技を受けながら、相手を成長させて、そしてそれ以上に自分も光るという方法を身につけていった。

1975（昭和50）年、猪木はシンに敗れ、初めてNWF選手権を奪取される。また、シンの腕を折ったという試合も深く印象に残っている。猪木の対戦相手の中で第一番目にあげるべきはシンをおいて他にいない。

シンの試合で猪木との試合以外で印象に残っているものがある。上田とタッグを組んでスタン・ハンセン組と対戦した試合だった。それまで外国人のエースだったシンと新たに台頭してきたハンセンとの対決で、シンは内心、心穏やかではなかったと思う。その試合の詳しい内容は忘れたが、あるシーンだけはよく覚えている。確か、ハンセンが何かの攻撃をシンに仕掛けようとした時にそれと同時にシンが素早いキックをハンセンに見舞った場面があった。相手の技をしっかりと受けるプロレス的なものではなくて、ハンセンの攻撃を受けるよりも早く、シンが攻撃したその交錯したやり取りがシンのハンセンに対する感情を表しているようで目を奪われた。その時、一瞬ハンセンは驚いた表情をしていた。ああいうシーンがプロレスのおもしろいところだ。あの時点では身体の動きのシャープさや抜け目のなさにおいて、シンがまだハンセンを上回っているように感じた。

シンによって目覚めた猪木は、それ以後、様々な相手と印象に残る試合をしていく。シン以外のレスラーとの試合で猪木全盛期の代表的なものをこれからあげてみたい。


第二番目にあげるのは１９７４（昭和49）年に行われたストロング小林戦だ。弱小の外国人レスラーに苦しむ新日本が、全日本に対抗し、馬場と違う面で世間に自分や新日本をアピールする手段として、日本人レスラーと戦う道を選んだのだ。既に記述したように、国プロで、小林対木村戦という日本人対決が行われていた。ただ、それは同門対決であった。猪木が国プロ出身のしかもエースの座にいた小林と行う試合は、その期待度、緊張感において比較にならなかった。力道山対木村政彦戦を彷彿させる盛り上がりを見せ、「昭和巌流島決戦」と言われていた。

その試合は普通のプロレスのタイトルマッチと違い、東京スポーツの立ち会いの下、調印式が行われた。その席上、小林を見下したような目で見ていた猪木は、突如、小林にパンチをたたき込んだ。試合を盛り上げるための猪木流の演出だったろうが、試合に向けてのお膳立ては揃った。

その注目の一戦を僕はなぜか、リアルタイムで見ていない。理由は忘れたのだが、たぶん、あの頃はまだ、NETの放送を僕らの地域ではやっていなかったのかもしれない。最近知ったのだが、新日本の初期の頃、NETの放送をリアルタイムでやっていた地域はごくわずかだったらしい。一方、国プロのTBSは多くの地域で放送していて、地方に行くと猪木より小林の方が有名だったと新日本の初期にリングアナウンサーもしていた大塚直樹氏が述べていたのを雑誌で読んで驚いた。

試合の様子はプロレス雑誌の記事を見て初めて知る。会場は新日本ファンと国プロファンの異様な熱気に包まれていた。みんな本気で試合を凝視していた。今のプロレスには全く見られない、格闘技の緊張感に満ちた空気がみなぎっていた。レフェリーは国プロに選手として参加したこともある清美川だった。リングサイドには若き日の長州力などもいたと思う。

最終的には猪木が、ジャーマンスープレックスで小林を破るという結果だった。雑誌のいくつかの写真を見た時、猪木は相当、苦戦したのだなと思った。特に、試合が終わって、小林が猪木の手を上げている写真を見ると、猪木の表情は晴れやかではなかった。下を向いて、どことなく悔しげな、自信のない、納得のいかない表情をしていた。こんなんじゃなかったのになあという顔をしていた。また、ジャーマンスープレックスの角度がいつもより遥かに低く、きれいな弧を描いておらず、マットに打ち付けられた小林の身体の角度は低く、猪木の血まみれの顔は苦しげにゆがんでいた。小林の攻撃を受けて、相当に体力を消耗していたのが感じられた。ラフ攻撃を仕掛けた猪木だが、それに対して予想以上に手強い反撃をしてきた小林の実力を身をもって知り、途中あせってペースを狂わせたような印象であった。

今、YTでその試合を見ると、ロープ越しに小林のブレーンバスターをくらった猪木は相当なダメージを受けた感がある。小林のカナディアンバックブリーカーを返してすかさず、ジャーマンスープレックスを放つ姿は悲壮感に満ちていた。猪木の予想を遙かに超えて小林がその実力を見せて、薄氷の勝利を収めるという内容だったがゆえにリアリティを増し、多くの人に訴える試合となった。この試合が猪木時代のスタートであった。小林は国際の元エースとしての力量を十分に発揮した。この試合が小林の生涯のベストバウトだったと多くの人が言う。

やがて、小林はアメリカで修行をした後、再び猪木と戦い、卍固めで敗れる。その試合は、一回目ほどのインパクトはなく、新日本プロレス内プロレスであった。勝利した猪木の表情は一戦目とは打って変わって、自信に満ちた、時に不遜に見えるようなものだった。小林は以後、新日本の一員となり、坂口とタッグを組んで活躍するが、やがてその地位を藤波や長州に奪われていき、新日本を去っていく。選手をある程度利用したら、その後は容赦なく切り捨てるという面が、新日本の非情さであると言われている。その一つの例が小林だ。ずっと後のブッチャーやブルーザー・ブロディなどもその例だろう。そのやり方によって新陳代謝が働いて、次から次へと新しい選手が入ってくることで人気をキープしたという点ではよかったかもしれない。これに対して、全日本の馬場は、自分を裏切ったりする選手に対しては断固たる処置をとるものの、そうでない選手に対しては、ピークを過ぎても使い続けるというやり方であった。

それはさておき、国プロエース時代から新日本に参加した頃の小林のレスラーとしての純粋な実力は、アピール度は別にして、猪木や坂口に劣るものではなかったと僕は思っている。小林との戦いに勝利した猪木は、タブーであった日本人対決が外国人相手の試合よりも、より多く人々に訴えかけるものであることを理解する。そして、それは馬場が避けていたことだからこそ、その路線を続けていくことを決意する。

第三番目は同じく1974(昭和49)年の大木金太郎戦である。僕はこの試合はリアルタイムで見ている。したがって、小林戦よりも印象に残っている。この試合はYTでも何度も見たが、何度見てもおもしろい。プロレスのおもしろさが詰まっている試合といっていい。この試合は、日プロの同門対決、かつて仲がよく、先輩後輩の間柄だった大木と猪木がどういう試合をするのかという点で注目されていた。前述したように、日プロ時代の大木の印象は石頭ということくらいでそれほど強くなかった。レスラーとして、鋭さを感じることはなかった。そういう大木だったが、この試合ではそれを完全に打ち破る試合を見せた。

以前よりやや痩せた感があるが、日に焼けた精悍な身体。頭はきれいに剃って丸坊主。それに対して、猪木はまさに今が全盛期の表情や身体で、かつての先輩大木に対して、闘志をむき出しにして、今にもつかみかからんばかりの体勢だ。レフェリーは、猪木と大木をよく知る、豊登。ゴング前に猪木が反則のパンチを大木に見舞って試合はスタートする。両者の間合い。すぐに組み合わない緊張感。手取り、脚取りの基本テクニック。クライマックスは猪木が大木の頭突きを何発も浴びながら立ち上がり、もっと打ってこいと挑発する場面だ。額から血を流しながらも鬼の形相で大木の頭突きを浴びて、しなやかな身体をマットに沈める猪木。最後は猪木が起死回生のバックドロップ一発で大木からフォールを奪い、試合は終わる。その試合の流れの鮮やかさ。潔い結末。

そして、最高の感動の場面はその後に訪れる。試合が終わった両者は最初はぎこちなく歩みよっていたが、やがて握手しお互い抱き合い、涙を流す。猪木が顔をくしゃくしゃにして泣き、大木は片手で目を覆い泣く。それをリング上の周りの人たちがじっと見ている。

この時に二人の心の中に何が去来したのだろうか。このシーンを見る度に考えてしまうのだ。それは、力道山の辛い仕打ちを受けながらも、お互いに励まし合いながらひたむきに練習した日々のことだったのだろうか。自分たちを育ててくれた日プロを追放された猪木、日プロ崩壊に直面した大木。時代の流れの中で袂を分かつようになってしまったが、若い頃の心の交流は今も胸の中にあり、試合が終わればノーサイド。同じ釜の飯を食った同門として、お互いの健闘を讃え合っていたのだろうか。二人の涙で、試合を見た後はさわやかな風が吹いてきた名勝負であった。

小林、大木と試合をしたこの１９７４（昭和49）年は、プロレスラーとしての猪木がピークにあった時期だ。

第四番目は１９７５（昭和50）年のビル・ロビンソン戦だ。この年、馬場全日本が、オープン選手権を開催する。様々な選手を内外から呼んでチャンピオンを決めるという大会だった。小林、大木戦という日本人対決によって波に乗る猪木新日本に対して、そうした勢いを断ち切るために企画したのがこのオープン選手権だった。門戸を開放し、ひょっとしたら猪木の望む馬場との対決もありうるから、猪木も参加しないかと呼びかけたのだ。そこに参加する選手は、馬場の広い顔を活かして、錚々たるメンバーであった。ドリー、ハーリー・レイス、ブッチャー、ホフマン、ディック・マードック、ダスティ・ローデス、マツダや国際プロレス勢など約20人が参加した。馬場は日本人との対決を避けているのではない、猪木とも試合をする準備はできている、さあ、参加してきなさいというものだった。

しかし、当然のことながら猪木は参加しなかった。全日本が主催する興行に新日本の社長であり、エースである自分がおめおめと参加できるはずがないという理由であった。それはもっともなことだった。もし、コミッショナーでもあり、会社を超えた組織が主催する公正なリングの場であったなら、当然猪木は参加したであろう。当時、全盛期の猪木は、真の実力で馬場に負けるはずはないと思っていただろうから。

馬場全日本は、たぶん、当初から、そうした猪木の対応を見越した上で呼びかけをしていたと思われる。猪木は参加するはずがない。だから、呼びかけようと。仮に猪木が参加したとしても、馬場を擁護する当時の強力な外国人レスラーたちが、猪木が馬場に到達するまでに猪木をつぶしにかかるだろうと。参加しなかった猪木に対して馬場側は、猪木はもう馬場への挑戦を口にする資格はないなどといったようなことを言っていたと記憶する。力道山没後十三周年の記念興行を兼ねていたこともあり、力道山遺族側からも猪木に対して、絶縁するような趣旨のことも言われていたと思う。

そういう流れの中で猪木は、かつて国プロの事実上のエースだったロビンソンとの初対決を行う。この試合はリアルタイムで見ている。当時の全体的な印象としては、ロビンソンの判定勝ちだった。猪木にとってゴッチとの試合のように師弟関係にある者の試合ではなく、別の団体で活躍していたテクニシャンレスラーとの初対決は期待に満ちていた。そう簡単に主導権を握らせない、相手の裏の裏をかき、自分に有利な体勢にもっていこうとするテクニック合戦は見応えがあった。今まで見たことがないような流れ、展開だった。そして、ロビンソンは前述したようにプライドが高く抜け目がなく、相手の技を防御したりすかしたりして、相手の心を折るような動きで猪木の技を封じた。技一つ一つの仕掛けが猪木より速かった。プロレスにおける運動神経が猪木より高かったように感じた。その結果、試合開始から40分過ぎに一瞬の逆さ押さえ込みによって猪木は一本を先取される。しかし、最後の最後、残り試合時間1分を切った時、猪木は起死回生の卍固めを決めてタイに持ち込む。それによって会場のボルテージは最高に達する。そしてそのまま時間切れで両者引き分けという結果になる。最初に述べたように、試合全体を見るとロビンソンが猪木を押していたという印象だ。

　思うに猪木という選手は、本物のテクニシャンにはやや弱い面がある。ドリーの時にはあまり感じなかったが、たとえば、ボブ・ループとの試合、ローランド・ボックとの試合などはその代表だろう。生粋のテクニシャンとの対決においては、シンとの戦いで目覚めた闘魂で反則をも辞さないという攻撃に移れず、封印してしまわざるを得ない。相手の汚い攻撃によって怒りの感情を爆発させ、試合を展開していく手法を得意とする猪木は、淡々としたテクニック合戦の試合は今一つのところがあった。ある程度、ラフな戦法をとって攻めてくる相手の方が、自分のよさを出すことができた。

ロビンソン戦はレベルの高い試合であった。ドリーに比べて、相手の技を受けない時があったり、技をすかしたりするロビンソンの方が、猪木が自分の技をかけることができない困難さを見せることで試合の質を上げた。内容的にはロビンソンに押され気味であったが、この一戦は、同時に行われていた全日本のオープン選手権のどの試合よりも印象に残る試合となり、猪木の評価はさらに上がっていった。オープン選手権は、豪華な参加レスラーの顔見せ的な試合が多く、引き分けや両者リングアウトのオンパレードで一つ一つの試合の質が低かった。その後、猪木とロビンソンは二度と試合をする機会がなかったので、この試合は伝説となった。

第五番目は、普通のプロレスの試合とは異質なものだったのだが、1976（昭和51）年にパキスタンで行われたアクラム・ペールワン戦だ。伝説の一戦といわれ、帯同した藤原喜明などは猪木の試合としてはモハメド・アリ戦に並ぶものとしてあげているほどの試合だ。この試合はリアルファイトだったのだろう。

　この試合の特殊さは会場の雰囲気にもあった。野外で行われ、何万人という大観衆が集まり、警察官なども警備にあたる中で試合は行われた。それは今まで全く見たことのないような雰囲気であった。現代でも日本人にとって謎の多いイスラム圏の、完全にアウェーの場所で、全く未知の相手との試合に臨む猪木の姿勢には驚くしかない。

　ただ、試合そのものは強烈に印象に残っているというほどではない。腹のぷっくりと出た、小柄でかなり年齢のいっているペールワンはどう見ても、まだ若い猪木に勝てそうには見えなかった。普通のプロレスの試合とは違い、大技を出し合うような展開は全くなく、アマレスのようなねちっこい、グラウンドの展開が続き、終始猪木が主導権を握っていた。高校生だった僕は、おもしろさはないが、これはリアルな戦いであるということは感じていた。本気でやっているなと。いつ、猪木がどんな技でしとめるかを注目しながら見ていた。猪木のアームロックが一旦は決まったかに見えたが、ペールワンはギブアップしない。後に猪木はダブルジョイントといっていたが、関節技がなかなか極まらずにいた。

　しかし、最後はアームロックをもう一度極めて、相手がギブアップしないので、さらに締め上げて関節を脱臼させることで勝負が決着した。試合後、猪木が観衆に向かって

「折ったぞー」と手でしぐさをしながら叫んでいたシーンは強烈に印象に残っている。試合の緊張感から解放された猪木が咄嗟にとった行動であろうが、日本ならいざ知らず、アウェーの群衆の前でそうしたしぐさを見せて人々の反感を買うことを予想しなかったのだろうかと今は思う。猪木が両手を挙げたポーズは、アラーの神にお祈りをするポーズに似ていて、それによって群衆は静まったと猪木自身が言っているが、本当のところはわからない。決して名勝負というものではなかったが、他の試合とは全く違う殺伐とした雰囲気の中で行われた猪木の真剣勝負の一つとして唯一無二の試合がこの試合だった。

後日、猪木はペールワンの甥と試合を行ったが途中で試合をやめ、敗北を喫する。その試合はテレビで放映されなかったが、ＹＴで見たことがある。前述の試合に比べて白熱の展開だったように記憶している。関節技を知らない若い対戦者であったが、猪木はテイクダウンを奪われ続け、劣勢な試合内容だった。いずれにせよ、全く未知の場所で未知の相手と試合を行った猪木の精神には感服する。こんなレスラーが他にいるのだろうか。少なくとも日本人レスラーの中にはいない。こうした猪木のスピリットは、後に国会議員になり、イラクに行き、日本人の人質を解放する行動等に繋がっていったのだろう。

第六番目は、スタン・ハンセン戦である。スタン・ハンセンは１９７５（昭和50）年に全日本に参加したことがあったが、その時は若手の一人で印象に残るレスラーではなかった。その後、ブルーノ・サンマルチノの首を負傷させたという勲章を得て1977（昭和52）年に新日本に参加する。あの頃のスタン・ハンセンは、まさに「ブレーキの壊れたダンプカー」であった。荒削りで、試合のパターンというものがなかった。それまでの一般レスラーのように静かな立ち上がりから、徐々にアクセルをふかしてクライマックスに持っていく手法ではなく、最初からセオリーなしにガンガンいくタイプだった。そういう意味で長州力などにも影響を与えたのではないだろうか。

最初はエースではなかったので、エース級の外国人レスラーに少し遠慮していた感がある。元NWAチャンピオンのジャック・ブリスコが一緒に参加していたシリーズがあった。ブリスコとタッグを組んだハンセンは猪木組を攻めるだけ攻めて、ブリスコにタッチした。ブリスコは、ダブルアームスープレックスで猪木からフォールを奪った。その後に、猪木とブリスコとのNWFのタイトルマッチが控えていたので、それに向けての伏線となる試合で、ハンセンはブリスコを補佐する役割を見事に果たしていた。しかし、その時の実力は、やや衰えの見えるブリスコを既に上回っているように見えた。

ハンセンの必殺技は言わずと知れたウエスタンラリアットであった。その後、ハルク・ホーガンや長州力など様々なレスラーがこの技をまねしていくわけだが、ラリアットを日本に定着させたのはハンセンであるということは周知の事実である。本当にその技は新鮮で強烈であった。ロープに振ってタックルに行くような姿勢で突撃していき、黒いサポーターを巻いた肘をやや下の方向からうなるような感じで、相手ののど元に炸裂させる。ナタで首を刈るような衝撃的な必殺技であった。多くのレスラーたちがどんなにまねしようとも、及ぶはずはない程の説得力が元祖ハンセンのラリアットにはあった。

特にハンセンのラリアットの凄さを僕たちに示してくれたのは、坂口との一戦だった。ハンセンに体格で全く負けていないあの頃の坂口は真っ向からハンセンに立ち向かい、そして最後は潔く、ラリアットに沈んだ。坂口くらい、ハンセンのラリアットをまともに食らったレスラーはいないのではないか。ハンセンは、頑丈な坂口に対しては、手加減せずにラリアットをぶち込んでいた。その坂口との戦いがあったからこそ、猪木との試合が光ったのだ。

また、僕が強烈に印象に残っているのは上田馬之助との試合だ。当時、上田はシンとのタッグで悪の限りを尽くしていた。シンと上田のタッグは、日プロ時代の外国人レスラーに負けないくらいの心憎いほど巧みなタッチワークで、徹底した反則技によって日本人レスラーを圧倒していた。それは震撼するほどの迫力で、これぞまさにヒールのプロというべき試合運びだった。前述したが、上田はガチンコの強さでは定評があり、アームロックが得意技だったという。ところが、そうした関節技はほとんど見せずに、首絞めや反則一辺倒の攻めに終始し、確固とした自分のプロレスの型というものを持っていた。また、相手の攻撃を食らってもすぐに反撃するタフさを持っていた。特に僕が印象に残っているのは、攻撃されてフォールの体勢に入られても、カウント1で簡単に相手の身体を持ち上げてかわすシーンだ。

余談だが、上田は猪木とネールデスマッチという形で試合をしたこともある。あまり印象に残っていないが、猪木に対してだけは上田は少し遠慮していたように感じた。若手の頃に仲がよかったことと、猪木のガチンコの実力を熟知していたからかもしれない。

後に上田はシンと同様に全日本に移籍するが、その時に馬場ともシングル戦を行っている。その試合でのある場面が記憶に残っている。上田が馬場をヘッドロックに捉え、思いっきり締め上げた時に、馬場が苦痛の声をあげたのだ。完全に頭を極めた上田は、ガチンコの実力は俺の方が遙かに上なのだというような表情で馬場を見ていた。

そんな上田とハンセンがシングルで戦ったのだ。上田も体格的にはハンセンに負けておらず、得意の反則技でハンセンを苦しめた。しかし、最後は、コーナーポストを背にしたハンセンが、向かってくる上田にラリアットをたたき込み、きれいにフォール勝ちをする。いつもは反則負けで終わる上田が、本当にきれいにフォールされて負けたのだ。上田の見事な負けっぷりと多くのレスラーを苦しめてきた上田をきれいに倒すハンセンの強さが強烈に印象に残った試合だった。

猪木とハンセンとの試合は何度も行われた。シンに続いて二番目にタイトルを奪取された相手がハンセンで、その試合もおもしろかったが、僕が一番印象に残っているのは、まだハンセンが新日本に参加しはじめの頃、たぶん1977（昭和52）年、僕が大学浪人していた時、大阪府立体育館で行われた試合だ。二人のテレビでの初めてのシングルマッチだったと思う。会場は大阪独特の異様な雰囲気に包まれていた。途中の経過は忘れたが、最後に猪木をロープに振り、とどめのウエスタンラリアットをハンセンが見舞おうとしたところを身体を低くして猪木がかわす。その直後、バックドロップをハンセンに見舞いフォールする。ハンセンは上にかぶさった猪木を2カウントでロープまでふっ飛ばすのだが、レフェリーは3カウントを数えて猪木の勝ちになる。それに対して、納得のいかないハンセンは興奮した様子で片手をあげて「ツゥー」と悲しげな大きな声で叫ぶ。その「ツゥー」という声がずっと僕の耳に残っていた。「そうだ、誰がどう見ても今のはカウント2だ」、心の中で僕は思っていた。あの試合はそれ以後の猪木対ハンセンの試合の序章であったが、僕はあの試合を一番よく覚えている。それは、体力的に若いハンセンに対抗できる力をあの当時の猪木はまだ持っていたからだ。

それ以後、ハンセンは何度も新日本に参加するが、次第に試合の勝ち負けは別として、内容的にはハンセンが猪木を圧倒していった。猪木はドリーやロビンソン、シン、ボブ・バックランドくらいのサイズのレスラーには対抗できるが、ハンセンなどそれ以上のサイズのパワーレスラーには肉体的に対抗できず、あまりおもしろい試合にはならなかった。例えばアンドレ・ザ・ジャイアントとの試合は僕はおもしろいと思って見たことがないのだ。あまりにもサイズが違いすぎて、摩擦感が全く感じられなかったからだ。その他にはブラックジャック・マリガンとかビリー・グラハム、イワン・コロフ、ホーガンなどもその類いだろう。

猪木が猪木らしかったのはこの年、１９７７（昭和52）年頃までだと僕は思っている。マスクド・スーパースターなどと試合をしていた頃までは、猪木の身体に相手の攻撃をバンと跳ね返すような力があった。それが、この年以降は持病の糖尿病の悪化等もあり、身体の反発力や猪木の持ち味の身体の柔軟性がなくなっていき、試合がおもしろくなくなっていった。前述したように猪木の純粋なスポーツ選手としての全盛時代は１９７１（昭和46）年頃から１９７７（昭和52）年頃までだったのではないだろうか。あの頃の猪木の試合は僕を引きつけてやまなかった。そういう意味で、猪木にとって猪木らしい試合を見せた最後の対戦相手がスタン・ハンセンであった。

ハンセンはシンを抜いて、事実上、新日本の外国人レスラーのエース格になっていく。それを示した試合が1981（昭和56）年に田園コロシアムでの対アンドレ・ザ・ジャイアント戦だ。まだ、元気満々だった無敵のアンドレに対して、真っ向から向かっていった。その巨漢同士の試合は、まさにこれがプロレスという大迫力の試合で、お互い息もつかせぬ動きをして観客を魅了した。「大きいことはいいことだ」を体現した文句なしのおもしろいプロレスだった。

ところが、この年、ハンセンは、新日本の引き抜きに対して報復を試みた全日本に電撃移籍をする。彼はその後、全日本という新天地で長く活躍することになる。しかし、ハンセンがハンセンらしかったのは、短い新日本時代であったと僕は思っている。猪木やアンドレのような好敵手のいなかった全日本でのハンセンの試合は、次第に圧倒的パワーを失っていった。ハンセンについては、全日本プロレスの章でも述べたい。

最後の第七番目は1978（昭和53）年にヨーロッパで行われたローランド・ボックとの試合だ。ただ、僕はそれをリアルタイムでは見ていない。当時その映像を見ていた友達が、「猪木はぼろぼろにやられていたよ」というのを聞いて、そうだったんだと少し驚いたのを覚えている。

その後、再放送やYTでその試合を見た。この試合はおもしろい。見応えがある。あれはプロレスだったのだろうか。パンチやキックなどの打撃を控えた真剣勝負のようにも見える。今思うと、ボックは前田と引退試合で戦ったアレクサンダー・カレリンに少し似ている。アマレスでは負けるだろうが、プロのレスリングではカレリンよりも怖さでは上回っているように思える。二人の試合はプロのレスリングの手本のように見える。アマレスの基本があるボックが立ち技で何度も猪木を簡単に投げ飛ばしている。猪木のタックルや投げ技はほとんど決まらない。アマレスでの技術を競い合い、その点でボックは猪木を圧倒している。しかし、ボックは関節技の技術がない。猪木はボックに簡単に投げられるのだが、投げた後にとどめをさす技を持っていないボックは、猪木を完全には仕留めることができない。ラフな攻撃をして活路を見いだそうとする猪木にボックもエルボースマッシュなどの打撃技で対抗する。固そうなリング。ボックの投げや力に圧倒されて下になりながらも屈しない猪木の負けじ魂。

最終的にはボックの判定勝ちだった。納得のいく結果だった。しかし、敵地に乗り込み、かなり危険な技をしかけながらも屈しない猪木の強さも十分に見せてくれる。地味で暗く、見る人によってはおもしろみのない試合に映りがちだが、僕はとても引きつけられた。昔の本気のプロレスリングとはこういうものなんだなと思ったものだ。中途半端な打撃を封じた、プロレスリングの理想型がそこにあった。ボックは数年後、初来日して猪木と試合をするが、その時は既にあのヨーロッパでの試合をした強いボックではなくなっていた。

さて、今まで記述したプロレスの試合とは別に、猪木は多くの異種格闘技戦を行った。それについて次に述べたい。猪木が日本人対決によってその存在感を増していく一方、力道山や馬場を超えて、さらに日本のプロレス界の頂点に立つために取った戦略が異種格闘技戦であった。プロレスの存在感、プロレスラーの強さを世間に見せて、とかく色眼鏡で見られがちなプロレスに世間の目を向けさせるために、他のジャンルの格闘技と戦い、世間に認知してもらおうという路線だ。

それらの試合のレベルはピンからキリまであり、総合格闘技が確立された現在の目から見れば、様々な面で未熟ではある。しかし、これがやがてはＵＷＦやプライド、ＵＦＣなどへ繋がっていくことは万人の認めるところである。現在の総合格闘技の原点は、猪木の異種格闘技戦にある。その中で僕の心に残っている試合を三つあげたい。ウィレム・ルスカ戦、モハメド・アリ戦、ウィリー・ウィリアムス戦である。その他にも、ザ・モンスターマン戦やチャック・ウェップナー戦などもあるが、強く印象に残っていて語るべき試合はその三つしかない。

ルスカ戦は異種格闘技戦の第一番目に行われた。ルスカは、僕が中学2年生の時に行われたミュンヘンオリンピックの柔道の重量級と無差別級の金メダリストであり、名前だけは知っていた。それから4年たった1976（昭和51）年にこの試合は行われた。猪木のプロレスラーとしての力の衰えが少し見え始めた頃だったと思う。今では、当時のルスカが病気の奥さんの治療費を稼ぐために猪木と試合をしたとか、試合の前に猪木とルスカが密かにリハーサルをしたとかという裏事情が明らかになっていて、いささか興ざめするが、当時高校2年生だった僕は真剣にこの試合を見ていた。世の中も、猪木が柔道の世界チャンピオンとどう戦うのかを大いに注目していた。

僕がその試合を見た時、一番印象に残っているのは、バックドロップ3連発で猪木がルスカをノックアウトした場面である。ルスカの身体を黒い帯をつかんでひきずりあげながら、ヘソで投げるテーズ式バックドロップでマットにルスカをたたきつける猪木。肩をマットに打ち付け、朦朧とするルスカ。それを見て、タオルを投げた、サンボ王者のクリス・ドールマン。当時はそのバックドロップは自分にとっては説得力がある技に見えた。プロレスファンの僕は、そのすっきりとした結果にその時は大満足であった。

ただ、一方で、身長はほぼ一緒だが、猪木よりも遥かに立派な身体をした柔道世界一のルスカを投げたり、担いだりすることに少なからず疑問を感じていたのは確かだ。きれいに投げることが困難なゆえに膠着の多い柔道において、簡単に一本を取る場面を見ることは稀である。その頂点を極めた柔道家を腰がそう強いとは見えなかった猪木が投げることができるのだろうか。また、ルスカが猪木の後ろに回って、首を絞めにいった場面があった。脚で猪木の胴をしめて、胴着を使って首を締め上げるルスカ。リアルな戦いではあれで勝負は決まっていたのではないかと当時も思ったものだ。この試合は、猪木（プロレス）の領域で行われたものであった。それは猪木の表情から読み取ることができた。

この試合は猪木の異種格闘技戦のスタートとして上々の内容であったが、その当時に感じた疑問は、時代の流れの中で総合格闘技が確立する過程で立証されていく。ルスカは多くの人が本当に強かったと言っている。長州も藤原も。あのハンセンがルスカにいたずらされても反論できなかったと聞く。あの立派な上半身の身体はまがいものではなく、本当に強い者のものであった。

ルスカはその後、再び猪木と戦ったり、新日本に何度も来るが、無骨な柔道家の本質は変えがたく、観客を意識したショーアップしたプロレスをアントン・ヘーシンクと同じように最後までうまく演じることはできなかった。もし、あの当時、総合格闘技というものがあったなら、打撃技を練習した上で試合に臨めば、彼に勝つ選手はそうはいなかったのではないか。吉田秀彦や小川直也など世界レベルの柔道家が総合格闘技においてその実力を示し、柔道家というものの強さを示していったのを知る今、ルスカの登場は早すぎたと思うのである。ブラジルで行われたルスカ対イワン・ゴメスの試合のカットなしの映像を一度見てみたいものだ。

しかるに、力道山対木村政彦戦、坂口征二の日プロ入団、ヘーシンクの全日本入団、そして猪木対ルスカ戦などを通して、柔道界はプロレス界に対して強い憤りを感じていたと想像できる。

第二番目は猪木対アリ戦である。一、二年前だったか、テレビでこの試合が久しぶりに公開されて懐かしく見たものだ。内容はともかく、猪木のすべての試合の中でもある意味、頂点にある試合がこの一戦だ。1976（昭和51）年に行われた。衛星中継の関係で昼過ぎに行われた。その日は確か土曜日だった。当時は週休二日制ではなかったので高校3年生だった僕は、この試合を見るために何か適当に理由を言って、学校を早退し、自宅のテレビの前にかじりついて見た。

これはプロレスの試合ではなかった。異種格闘技戦であるという意味でプロレスではなかったというのではなく、猪木の掌握できる領域を遥かに超えたところで行われた唯一の試合だった。新日本のリングではあったが、まるで中立のリングで行う試合のようだった。

それは観客もそうだった。プロレスファンだけでなく、ボクシングファンも多数来ていた。また、解説者にボクシング関係の人もいて、猪木またはプロレスが掌握できるようなものではないことを雰囲気から感じた。猪木のセコンドにはゴッチや坂口、山本小鉄などがいた。アリのセコンドには多数の人間がいた。メディアも外国人の記者たちが多数、リングサイド席に陣取っていた。アリという世界的なスポーツのスターに、世界的には名の知られていない、リアルスポーツとは認められていないマイナーなプロレスの一レスラーが無謀にも挑戦するといった雰囲気だった。ルスカ戦などとは比ぶべきもない、緊張した、ただならぬ空気が会場に充ち満ちていた。

この試合の背景についてはいろいろと語られている。アリはエキシビションと思っていたのが、ルール問題でもめたりするうちに、リアルファイトになっていったようなことを聞いたこともある。その裏事情は僕は分からないし、それほど知りたいとも思わなかった。18歳の僕はこの試合を真剣に、必死で見ていた。

３分15ラウンドの試合であった。僕がその当時思った一番のことは、二人の身体を見て、猪木はアリをタックルなり、投げ技なりでマットに倒すことはできないなということだった。アリの上半身、腕、腰、脚は猪木のそれよりも一回り以上太く、猪木がどうやっても組み伏せることはできないと思った。

試合は寝転んでキックを見舞う猪木とそれを食らいながらも、表情を変えずに対峙し、時におどけた表情で挑発するアリという展開が延々と続いた。達人同士が微妙な間合いをはかりながら、相手の攻撃に対して細心の注意を払いながら続く攻防。

猪木はアリのパンチを警戒して、スタンディングの状態ではアリの内側に入れない。ミルコ・クロコップのようにスタンディングで、頭を蹴るような蹴りの技術は持っていない。柔道家やアマレスラーのような強烈な投げで相手をマットに沈める技術も不十分だ。仮に相手の懐に入ったとしても、狭いリングではすぐにロープに逃げられてしまう。猪木にできることは頭を低くして、スライディングしながらのキックしかなかった。

一方、アリができることと言えば、猪木の蹴りをほとんど防御することなく受け続け、猪木の一瞬の隙をついてパンチを当てることだけだった。アリにはパンチという攻撃しかない。今、試合を見てみるとアリはなぜ、もっとパンチを出さなかったのだろうかと思ってしまう。パンチを出すことで猪木に懐に入られる危険性は高まるにしろ、もう少し打てたのではないかと思うのだ。引き分けという決められた結果のために遠慮したのだろうか。ヘビー級のパンチがいいところに一発でも当たれば、それで試合は終わったと思う。それくらい、アリの一発のパンチに怖さを感じていた。

途中、脚をとってダウンしたアリの顔面に猪木が肘打ちを見舞うシーンがプロレスらしさを見せた唯一のおもしろいところだった。お互いが警戒しすぎて、危険を冒してまでも自分の攻撃を仕掛けることをしないもどかしさやフラストレーションを感じたまま、最後まで解決されずに試合は終わる。納得いかず、悔しそうな猪木とほっとしたような表情のアリ。判定は引き分け。相手へのダメージから言えば、猪木が圧倒的に勝っていたが、試合の内容はリアルでも勝敗はプロレス的に決まっていたのだろう。両者が歩み寄り、健闘を讃え、抱き合う。その場面では、アリが猪木を完全に上回っていた。アリと猪木の世界的な立場の圧倒的な違いを見せつけられた気がした。試合はおもしろいものではなかった。しかし、緊張感にあふれた、最初で最後の強烈な印象を残す大試合であった。

翌日、新聞各社は世紀の茶番などと酷評したが、僕は決してそうは思わなかった。猪木の限界あるいはプロレスの限界を、遥かに大きな世界にいるボクシングの現役世界チャンピオン、アリに見せつけられた試合だった。当時は大きな批判を浴びたこの試合だったが、その後、総合格闘技の隆盛の中で見直されていく。あれこそ、リアルファイトだったのだと。

ただ、技術的に見れば、現代の発達したものと比較すれば拙いという意見もあり、それはその通りだと思う。もし、オクタゴンでアリと今の総合格闘技のチャンピオンが戦えば、すぐに決着がつくだろう。組み付いて倒し、上から殴るか、関節技や絞め技でギブアップを奪うか。しかしながら、あの時、世界中が注目する中で、ボクシングの現役の世界チャンピオンと戦ったシチュエーションは二度とない画期的なものであった。これからも語り継がれる伝説の一戦であった。この試合によって猪木は大きな借金を背負ったが、その名は世界的に知られるようになる。

第三番目は、1980（昭和55）年に行われたウィリー・ウィリアムス戦である。アリ戦から4年の月日が経っていた。猪木はこの時すでに37歳になっていた。これは梶原一騎原作の漫画『四角いジャングル』の連載の流れの中で実現した。

「熊殺し」ウィリーは、極真カラテの有段者であった。日本で行われた世界大会にも出場する空手家であった。背も高く、猪木よりも若く、映画や漫画の連載によって大きく宣伝されて、実力以上の評価をされていた気がする。猪木との試合が決まっていたので、極真の世界大会は反則技を繰り返し、失格となって敗れる。その後、極真を破門される形で猪木戦を迎える。プロレス対極真カラテという組織対組織の対立もあり、いやが上にも盛り上がりを見せた一戦だった。

当日はウィリー側のセコンドに多くの極真関係者がおり、その殺伐とした雰囲気はアリ戦以上のものがあった。ただ、試合はおもしろいと僕は思わなかった。それはウィリーの技に一発必倒のものが感じられなかったからだ。パンチにしても、キックにしてもスピードがなく、大振りで相手を倒すほどの威力がなかった。誰かが、ウィリーのパンチは肩が抜けておらず、素人の域を出ていないと言っていた。僕にはその技術的なことはわからないが、アリのパンチのように一発顔面に当たれば致命傷になるかもしれないようなパンチではないということはわかった。また、空手家なので顔面にあてるパンチの訓練ができていないように見えた。また、蹴りもやたらにハイキックを見せつけるだけで、いっこうに当たりそうになかった。正道会館の石井館長など格闘技を知る人はこの試合はリアルファイトではないと一瞬のうちに理解したようだ。当時の僕にはそこまでは分からなかったが、緊張感はあるものの、猪木にしてもドロップキックを出すなどオーバーアクションが目立つ試合展開だった。

印象に残っているシーンの一つは、ウィリーを倒した猪木が背後から攻撃をしようとした時にウィリーの長い脚が伸びて猪木の顔面に当たったシーンだ。あれは猪木にとってかなりの衝撃があったろうが、猪木はすぐに立ち上がった。

それともう一つは、もみ合いの中でウィリーが猪木の胸あたりに膝蹴りを見舞ったシーンだ。これもかなり効いたのではないだろうか。リングアウト引き分けに持ち込むためか、なぜか猪木は何度もウィリーを場外に誘う。ところが、いつも上になるのはウィリーで、ウィリーのパンチや肘打ちを浴びる。一度下った両者リングアウトは梶原一騎によって翻され、試合は再開する。しかし、再びリング外でもみ合い、猪木はアバラを、ウィリーは猪木の腕ひしぎで腕を痛め、両者試合続行不能で引き分けになる。試合の結果は、当時のプロレスにありがちな引き分け。注目の一戦は消化不良の結果で後味はよくなかった。ダメージ的にはウィリーの判定勝ちだったと思う。

それ程強く思えなかったウィリーに、リングの中では有効な技を決められず、決定的なダメージを与えることができなかった猪木。また、アマチュアの域を出ないウィリーに対して、その強さを引き出すためのプロレス的な受けを十分にすることができなかった猪木。異種格闘技戦を行うための体力の限界を感じたのではないだろうか。

ウィリーはその後、前田日明のリングスに登場し、前田やハンなどと試合をする。猪木とかつて戦ったという伝説だけで、すっかり年をとったという風貌で、試合内容そのものはぱっとせず、印象にはあまり残っていない。

猪木が全盛期の猪木らしい試合をしていたのは、僕が高校生から大学生の頃までだ。高校生の頃は僕らの地域でのワールドプロレスリングの放送は金曜日夜8時ではなかったと思う。たぶん、土曜日の昼あたりにやっていた記憶がある。金曜日夜8時に見ることができるようになったのは、大学受験に失敗した僕が愛媛県の実家を離れて、京都の予備校に通うようになってからだ。それは1977（昭和52）年のことだ。

僕は、京都市の山科区に近い大津市の稲葉台というところに下宿していた。京阪四宮駅を降りて、なだらかな坂道を登ったところにその下宿はあった。全国のいろいろな所から来た予備校生が8人くらいいる下宿だった。そこから、京阪電車に乗って、京都の平安神宮の近くにある京都予備校というところに通っていた。四畳半の下宿の部屋にはテレビなどあるはずがなく、僕は金曜日と土曜日は近くの食堂や喫茶店に行き夕飯を食べ、そこで好きなプロレスを見させてもらっていた。初めて故郷を離れて、見知らぬ土地でひたすら受験勉強に励んでいた僕にとってプロレスを見ることは唯一の楽しみといえた。

僕のよく行った店は二軒あった。下宿から歩いて5分くらいの食堂で、家族でやっている店だった。中華料理とかいろいろな料理ができるご主人と少し足が不自由な奥さん、高校三年生の体格のいい娘がいた。僕はそこの人に「ボク」と呼ばれていた。田舎から来ていた僕は、19歳にしては子どもらしく見えたのかもしれない。僕はしょっちゅう行っていたので、いつも500円くらいでお任せの定食を作ってもらい食べていた。特にスタミナ定食というのはとてもおいしくて、それまで自分が食べたことのない味だった。

金曜日は定食を食べた後、夜8時からワールドプロレスリングを見ていた。高い場所にあるテレビの前に立って見ていた気がする。店の人も嫌がらずに見せてくれた。猪木とハンセンやイワン・コロフ、マリガンなどの試合を記憶している。生中継の時は試合の途中で放送が終わったりすることもあった。

ある時、ご主人と奥さんが何かでけんかしていたことがある。奥さんは泣いていたかもしれない。少し気にはなったが、その時も僕はプロレスを見ていた。両親のけんかに困ったような悲しそうな顔をした娘が、プロレスを見ている僕の方を早く帰ってくれというように恨めしそうに見ていたのを覚えている。

もう一つの店は小さな喫茶店だった。かなり高齢のご夫婦がやられていた。僕は玉子焼き定食とかを注文して食べていた気がする。食べながらプロレスを見ていた。すぐ横に、その夫婦もいて一緒にプロレスを見ていることが多かった。若い長州力が誰かとタッグを組んで、イワン・コロフ&エル・カネック組と試合したのを覚えている。外国人組に圧倒されてストレートで負けたのが印象に残っている。時には全日本も見ていたが、おばちゃんが馬場を見ると、動きがのろいとか、どんくさいとか、かなり批判していたのを覚えている。それから20年くらいたって、昔いた下宿あたりを訪ねて行ったことがあったが、あの二つの食堂はもうなかった。

浪人を経て、京都の大学に合格した僕は、大学の近くの北区小山初音町というところに下宿をしていた。その家には、30代後半の奥さんとそのお母さん、高校生と中学生の二人の息子がいた。奥さんは医者だった旦那さんの浮気が原因で離婚したらしい。用心棒がわりに何人かの男の大学生を下宿させていた。僕は二階のけっこう広い部屋に月1万5000円で下宿していた。京都特有のうなぎの寝床のような古い家だったが、僕はその下宿が気に入っていた。それはその家の人たちが感じがよくて、自分に合っていたからだろう。門限があって午後11時くらいだったと思う。飲みに行って門限を過ぎた時は、玄関の上によじ登って越えて中に入ったりしたこともあった。もうあれから40年近くたつが、あの家の中の様子はよく覚えている。

その家の長男の高校生もプロレスが好きで、金曜夜8時はその家のテレビがある部屋で一緒に新日本のワールドプロレスリングを見ていた。おばあさんがいつも、「ああ、こわ」とか「痛そう」とか言っていた。古舘伊知郎がプロレス中継をアナウンスし始めたのもこの頃だったかもしれない。

僕が大学一年生の1978（昭和53）年頃から少しずつ猪木の試合に説得力がなくなっていった気がする。そういう状況の中で、下宿の長男が好きだったのがこの当時、初登場したタイガーマスクだった。僕は最初は少し馬鹿にして見ていた。しかし、見る回数を重ねる毎にタイガーマスクの動きに魅了されるようになる。僕はその頃はまだ、猪木ファンであったが、タイガーマスクの斬新な動きに藤波や長州、さらに猪木以上の説得力を感じるようになる。子どもだましのスタイルと高をくくって見ていたのが、なかなか凄いレスラーであることを認識していく。確かにメキシカンレスラーのようにアクロバティックな動きをするのだが、キックボクサーのようなハイキックを取り入れ、基本的なグラウンドレスリングも身に付けていた。その攻撃にはこれでもかこれでもかと畳みかける力があり、気性も激しく、ただの見てくれだけのマスクマンとは違うものを感じたのだ。下宿の長男が夢中になるのも仕方がないと思うほどの魅力をタイガーマスクは持っていた。特に強烈に印象に残っている試合はないのだが、デビューのダイナマイト・キッド戦の他にブラック・タイガーや小林邦昭戦など目を離せない展開で観客の心を引きつけていた。僕にとって、前田日明が現れる前に猪木に次いで、その存在に惹かれたのは、藤波でも長州でもなく、タイガーマスクだった。

しかし、そのタイガーマスクが活躍したのはほんのわずかな期間だった。20代前半の最も体力的に充実した時代を新日本で生きて、去っていった。格闘技をやりたかった佐山サトル（聡）は、その思いを封印しタイガーマスクとなって彗星の如く現れ、それが実現困難な事実を認識し、花火のようにあっけなく消えていった。それだからこそ、今なお、あのタイガーマスク時代の試合の数々は輝き続けるのだ。

佐山サトルはやがて、ＵＷＦに参加するが、他レスラーとの確執から解散し、その後にシューティング（修斗）を創設する。それが現在の総合格闘技のルーツになっていく歴史を見た時、あのタイガーマスク時代に自分の志向とは異なる路線を十分に納得していないのにもかかわらず、その役割を全うし、演じ切った生き方になお一層惹かれ、尊敬の念さえ覚えるのだ。プロレスの天才というべき存在がタイガーマスクこと佐山サトルその人だった。

先日、ＮＨＫのテレビ番組『アナザーストーリーズ』でタイガーマスクが取り上げられた。２０１６年に放送された番組の追加放送という内容だったが、僕と同年代の初代タイガーマスク、佐山サトルの生きてきた道を見ながら、三十数年の非情な時の流れを痛切に感じていた。特に佐山のメッセージビデオを何とも言えない表情で見つめる変わり果てたダイナマイト・キッドを見た時に熱いものがこみあげてきた。あれほどまでにリングで激しい戦いを見せていた若者が、見る影もなくなってしまう年月の流れは残酷で無情に思えた。そして、４年前までは元気だった佐山自身も、パーキンソン病を患い、かつての面影をなくそうとしている。そして、それと闘いながらもまだ、残りの人生を生きて、何かを残してキッドの元に行きたいと語るのを聞いた時に、何か僕も激励されたような気がした。人生にはいろいろなことがあるのだと改めて感じたのだった。

佐山が去った後の猪木の試合で印象に残っているものはとても少ない。馬場のように急激に衰えていったわけではなく、それなりにまだ猪木らしさは残していたものの、小林や大木、ロビンソンと戦った頃の勢いと身体のしなやかさや美しさを少しずつ失っていった。その代わりに、日プロ時代の慎ましさみたいなものは薄れて、我を張り、過剰に自分を誇示するようになっていったような気がする。

1978（昭和53）年以降の試合では、ヒロ・マッダ戦、ビリー・グラハム戦、ペドロ・モラレス戦、アンドレ・ザ・ジャイアント戦、上田馬之助戦、ボブ・バックランド戦、ラッシャー木村戦、ハルク・ホーガン戦、アブドーラ・ザ・ブッチャー戦、ブルーザー・ブロディ戦などを覚えているがそれ程いい試合だとは思わなかった。猪木が40代を過ぎて以降の試合はテレビでもあまり見ていない気がする。猪木は少しずつ痩せていき、長州や天龍源一郎に敗れた試合もそれほど印象に残っていない。やがて引退を迎えるが、その頃のプロレスに興味をなくしていた僕は、感慨を覚えることはなかった。やはり、遅すぎた引退でプロレスの人気を下降させる一つの原因になったと思う。

ただ、猪木というレスラーはまさに不世出のレスラーであることに異論はない。その功績を振り返ると馬場はもちろん、力道山をも超えていると思う。プロレスの世界にとどまらず、実業家としてや政治家としても活動し、様々なメディアに取り上げられ、多くの日本人に知られている。その言動は大変興味深く、時に哲学的であるとさえ思う。彼がこれまで語ってきた言葉は実践や経験に裏付けられたもので、他の著名な文化人たちの言葉と同レベルの輝きや重さをもって、僕の心に響いていた。馬場と比べて、自分を強くアピールしようとする点や大風呂敷を広げるような面は鼻につくところもあるが、世俗的でないことは強く感じる。金とか物とかにこだわることなく、凡人の理解の範疇を超えている面がある。一時、政治家であったが、委員会での答弁等を見ても、他の政治家と比べて経験値が格段に上だという印象をもっていた。バラエティ番組での対応を見ても、人を惹きつける何かを持っている希有な人物である。最近、元気がなくなっているので長生きしてほしいと心から思っている。

次に猪木と佐山以外の日本人レスラーについて語りたい。やはり、一番目には藤波辰巳をあげたい。藤波について、僕はあまりマイナスの嫌な印象がないのだ。強烈に心に残るものが少ないかわりに、嫌悪感を抱くようなものもないというのが藤波の印象だ。彼に対しては善人というイメージを以前から持っている。彼自身もあまり嫌いな人間というのはいなかったような感じがする。

藤波は中学校を出て、末期の日プロに入門する。若い頃の藤波の写真がプロレス誌に載っていたのをかすかに記憶している。猪木が日プロを追放され、新日本を設立した時に一緒についていく。一番下っ端の若手として、あこがれの猪木の下で練習を重ねて、ゴッチの指導を受けながら次第に頭角を現していく。

アメリカ遠征をして、マディソンスクエア・ガーデンで、ホセ・エストラーダを破り、新設されたWWWFジュニアヘビー級王座を獲得する。たぶん、あの頃は80キロ台で線の細い身体をしてはいたが、スピード感あふれる試合は魅力的であった。ドラゴンスープレックスは初めてその試合でやったそうだが、ジャーマンスープレックスをさらに上にいくインパクトがあった。試合後、マイクに向かって「アイネバーギブアップ！」と叫んだ姿も印象的であった。彼はこの時からブレイクした。

その後、日本に帰国した藤波は、ジュニアヘビー級王者として様々な相手と試合をして、猪木、坂口に次ぐ新日本の新しいスターとして活躍していく。藤波の試合で強烈に印象に残っている試合というのは正直あまりないのだが、この初期のジュニアヘビー級時代の試合が実は一番よかったのではないかと僕は思っている。藤波の身長は実際は１８０センチくらいだと思う。そのレスラーとしてはやや低い身長に見合った体重は、あの頃の90キロ前後だったように思う。一番、激しくエネルギッシュに動き回っていたジュニア時代が藤波の藤波たる姿を見せていたのではないだろうか。試合の詳しい内容は忘れたが、エル・

カネックやペーロ・アグアーヨ、チャボ・ゲレロ、剛竜馬などとの試合はおもしろかったと記憶している。

やがて、年齢とともに体重を増してヘビー級に転向して、大きなレスラーとも対戦するようになる。藤波はバランスがとれた動きをするレスラーで、多くの外国人レスラーが藤波を賞賛していた。どんな相手とも調和した試合ができたのであろう。そういう意味でソツのないレスリングをする試合巧者であった。また、相手が嫌がるような自分本位な攻撃をするレスラーでは決してなかった。ただ、それだけに目に焼き付くようなインパクトのある試合を残すことがあまりなかった。特にヘビー級に転向してからは、自分より遙かに身体の大きいレスラーを相手に防戦一方でかわすような試合展開が多かった。また性格的に優しいので、徹底的に相手にダメージを与える非情さがなかった。猪木や長州との試合などもそれほど印象に残っていない。ただ、藤波とは性格的に対局にある師匠猪木や新日本を出たり入ったりしたレスラーたちに比べて、物足りなさは感じたものの、新日本の良識としての存在感は他に代えがたいものがあった。見ていて安心でき、信頼できる存在であった。

続いて、二番目には長州力があげられるだろう。藤波や長州が新日本で活躍していた時代から相当の年月が経ってしまったが、今、プロレスの歴史を振り返ると結果的に長州は藤波よりも存在感が大きかった。ただ、新日本の序列から考えると猪木、坂口、藤波、長州の順序になる。

長州は、鶴田と同じく、ミュンヘンオリンピックにアマレスで出場した。吉田光雄という本名で、最初は日本代表と思っていたが、実際は韓国代表であった。当時は、長州が韓国人であるということをマスコミも公表していなかった。初めて長州を認識したのは、猪木と並んで行われたプロレス入門の記者会見の写真だった。スポーツ刈りでがっちりとした体格をしていた。確か、「鶴田が活躍しているので自分もできるのではないかと思い、プロレスに入門した」といったような意味のことを会見で言っていた。その顔からして、負けん気の強そうな印象をもった。

やがて海外遠征に行き、日本に戻ってくる。その時の最初の試合は、地味な感じの外国人レスラーと対戦し、最終的にサソリ固めで勝利した。この技は長州唯一のオリジナルホールドでずっと後になって脚光を浴びるのだが、当時は派手さがなく、逆エビ固めとあまり変わらないなあという印象の薄いものだった。鶴田と比べて、かなり地味な日本デビュー戦だった。体型的に見ても、頑丈な身体をしているが脚が短く、あまり見栄えのしないあの頃の長州はぱっとしなかった。まだ髪も短く、いろいろな面でどういう型にしようかと迷っている時期だったのだろう。アマレスでの実績があり、多くの人が腰が強かったと語る長州だが、それだけにプロレスという真剣勝負だけでは通用しない難しいジャンルにおいて、どう自分を表現するのかを悩んでいたのだろう。

最初の頃は、年下の藤波との対戦でも勝つことはなかった。強い外国人レスラーにあてられて、やられて負けて、猪木などにつなぐ中堅レスラーの役割を心ならずも果たしているといったふうだった。僕にとっては、あの頃の長州のイメージが頭に固定されていて、その後、長州が華々しく活躍していく時もそれが離れず、長州の試合にのめり込むことを妨げていた。ストロング小林に代わって坂口とのコンビでタッグ選手権を獲得したりするが、その頃まではそれ程目立った存在ではなかった。

長州力がいわゆる長州力となるのは、二度目の海外遠征から帰ってきた時だ。長い髪となりイメチェンし、６人タッグマッチで藤波に対して、「かませ犬」発言をしてからだ。藤波を自分の上に置く序列に対して、反抗の狼煙をあげて、藤波とのいわゆる「名勝負数え歌」と言われる一連の試合が始まる。それによって、本来、長州が持っていた鬱屈したエネルギーを爆発させることで、多くのファンの心を掴み、ブレイクしたのだ。僕はそれらの試合を見てはいた。しかし、ほとんど覚えていないのだ。「名勝負数え歌」と言われた藤波対長州の試合はなぜかあまり印象に残っていないのだ。何か小柄な日本人レスラーが小競り合いをしているなという感じにしか思えなかった。僕の嗜好によるところだろう。

僕にとって長州が一番印象に残っていて、一番輝いていた時期は、新日本を飛び出して、全日本に登場してからだ。肉体的に精神的に一番乗っていた時期はあの頃だと思う。長州の功績は、全日本の空気を少しでも変えたことにある。生ぬるい空気感漂う全日本に猪木的な要素を持ち込んで、試合に緊張感をもたらせたことだ。特にこれまで全日本を支えたレスラーたち、例えばテリー・ファンクなどのようなレスラーが全盛期を過ぎてもなんとなくやれている状況を真っ向から否定した。もうおまえたちの出番は過ぎたといわんばかりに、全日本のレスラーが決してやらない厳しい攻撃をしたりもした。あれは、全日本の頽廃にうんざりしていた僕の胸をスカッとさせてくれた。

さらに、全日本の日本人レスラーたちに大きな刺激を与えたことも大きな功績だ。特に天龍は長州によって覚醒し、自分の進むべき道、自分がやるべきプロレスとは何かを見つけていく。元々無骨でスマートさのない天龍が、同じようなタイプの長州の姿を見て、俺は俺らしくやっていけばいいのだと思うようになったのだ。長州対天龍は、ぬるま湯の全日本を変えていった。しかし、それでも変わらなかったのが鶴田だ。この時に鶴田対長州の試合は行われたが、あまり印象に残っていない。格上だと自分では思っている鶴田が直線的に攻める長州の攻撃とかみあわずに、心も通じ合わずに時間だけが過ぎていったという印象がある。長州は試合後、鶴田のことをほめていたと思うが、僕にはそれが理解できなかった。凡戦だったと思う。鶴田が変わったのは、長州が去り、天龍が長州の代わりをするようになって以降だった。

この頃の長州の試合でもっとも印象に残っているのは、谷津嘉章と組んで、ブルーザー・ブロディ&キラー・ブルックス組と行った試合だ。ブロディが全日本を去る直前に行われた試合だが、この試合は何度見てもおもしろい。長州のメインイベント登用に不満を持つブロディが、長州の攻撃を受けず、ドロップキックやボディスラムで圧倒する試合だ。本気のブロディの意地を強く感じさせる試合だった。

長州の試合は、それまでの起承転結のプロレスの試合のパターンを打ち破り、最初からガンガンいくスタイルでハイスパートレスリングと言われ、試合にスピード感を持たせた。妥協せぬ厳しい姿勢を貫き、一時代を作った。ただ、長州にはオリジナルホールドがサソリ固めしかなかった。また、アマレス仕込みの腰の強さには定評があり、テイクダウンの力は抜群であったものの、グラウンドでの関節技はほとんど見せなかった。そのあたりが猪木や前田とは決定的に異なり、スタンドでの試合展開が中心の選手だった。いわゆる、格闘技の三つの要素である打投極のうち、投には秀でていたが、打極については今一つで、それがグラウンドでの攻防を見るのが好きな僕としては、試合展開に物足りなさを感じさせる点だった。

長州はやがて全日本を去り、新日本にカムバックする。これを機に良識的な浜口やカーンは引退を決意し、谷津は全日本に残る。新日本に戻ってからの長州の試合で印象に残っている試合は唯一つ。前田日明にタッグマッチで顔面を蹴られ、前田の新日本解雇に至る試合だ。この試合によって、それまでの長州力のイメージは傷つけられて、それ以降、長州のレスラーとしての存在感はトーンダウンしていった。

長州は、猪木的な感情をあらわにするプロレスを特に日本人との対決で確立し、プロレスの歴史に確固たる大きな功績を残した。おそらく、今の日本人に知っているプロレスラーの名前を聞いた時に、猪木に次いで出てくる名前が長州力ではないだろうか。かつて、鶴田や藤波の後塵を拝していた長州だったが、時代の変遷の中で見た時に、完全に二人を超えたと思う。人生というのはある一時期は伏していても、長いスパンで見た時に逆転しているというケースはままある。長州力の歴史を見る時につくづくとそれを思う。今はテレビ番組でかつての強面の印象とは対照的な表情を見せて、余生を楽しんでいるようだ。

佐山、藤波、長州に続いて最後が前田日明である。僕のプロレスの歴史の中で、最初にファンとなったのが馬場、次が猪木、そして最後が前田であった。前田に関しては、レスラーを引退して20年近くなるが今でもファンである。その言動はとても興味深く、前田に関する雑誌等は必ず目を通しているし、ＹＴ等でも見ている。彼の強烈な個性に僕はとても魅力を感じている。読書家であり、日本刀やウィスキーをはじめ様々な趣味があり、それらに対して自分の考えというものを持っている。前田は僕と同学年である。前田と同じように自分も年齢を重ねてきた。

初めて前田の存在を知ったのは、若手の一人として猪木の試合の入場に付き添ったり、セコンドにいる姿をテレビ中継で見た時だ。それは僕が大学浪人時代だと思う。最初の印象は背の高いひょろっとした奴がいるなと思う程度だった。その後、１９７９（昭和54）年のプロレスオールスター戦でのバトルロイヤルで、全日本や国プロのレスラーに対して敵意をむき出しにして向かっている前田を見て、気の強そうな若手だなあという印象をもった。前田はこの時、ちょうど20歳だった。

このオールスター戦についてだが、この規模で行うのは最初で最後の画期的なイベントだった。テレビ中継は行われず、テレビのニュースで見たり、雑誌で見たりしてその内容を知る。久しぶりに馬場と猪木がタッグを組むというので、僕も相当楽しみにしていたイベントであった。あの時に感じたのは、試合前の佇まいや試合中の動きなどを見て、完全に馬場と猪木の力は逆転したということだった。馬場の衰えた身体に比べて、まだ30代の猪木の身体には張りがあり、風格があった。猪木の方が明らかに目立っていた。当時、全日本では無敵だったブッチャーを延髄斬りなどで追い込むシーンもあり、猪木の動きにシャープさを感じた。全日本の選手が決して切り込まない攻撃を猪木はブッチャーに対して行い、ブッチャーを慌てさせていた。両者が分かれて8年の歳月が流れ、馬場ファンからスタートした僕にとっては少し寂しい気持ちがしていたが、これも現実だと思った。

今、その時の全試合の対戦表や試合結果を見るとうまいこと考えたなあと感心する。新日本、全日本、国プロの各団体が傷つかないような試合結果となっている。また、実に多くのレスラーがこの頃はいたんだなあと思う。振り返ると、このオールスター戦が行われた1979（昭和54）年前後が日本のプロレス界にとって一番いい時代だったのかもしれない。

ところで前田だが、1982（昭和57）年に初めて海外遠征に行く。遠征先ははアメリカではなく、ヨーロッパであった。ウェイン・ブリッジなどに世話になり、1983（昭和58）年にヨーロッパヘビー級チャンピオンになり、日本に帰国する。その帰国第一戦がポール・オンドーフとの試合で、僕はテレビで見ている。オンドーフはそれ程印象に残る選手ではなかったが、グラウンドレスリングもできる正統派の実力者だった。あのオールスター戦頃の痩せていた前田の身体は、この頃にはオンドーフに負けないがっちりとした立派なものになっていた。あの24歳の頃から27歳頃の前田が一番いい身体をしていたのではないだろうか。前田は背も高く、顔もかっこよく華があった。その姿は明らかに藤波や長州を上回っていた。その登場はかつてのジャンボ鶴田を彷彿とさせ、スター性を感じさせた。カール・ゴッチがセコンドにいて試合を見守っていた。前田はこれまで見たことのないようなスープレックスをいくつか見せた。身体の柔らかさを活かして、説得力のある、受け身のとりにくいスープレックスであっという間にフォール勝ちした。あっけないくらいに短い時間で勝負はついた。強さや凄さは感じたものの、余計なものを一切省いた、盛り上がりに欠ける試合内容だった。ゴッチはそれでいいと賞讃したが、プロレスラーとしてはまだ未熟な、観客を意識していない内容だった。

その後に、ＩＷＧＰの試合に出場した。その時に猪木や長州、アンドレなどとも対戦して善戦はしたものの敗れている。スープレックスやニールキックなどオリジナルな技をいろいろと披露し、若さ溢れる試合をしてはいたが、まだまだ、攻めがあっさりとして単純な感じがして、後の前田と比べると怖さといったものを感じるところまでにはいっていなかった。ただ、将来の新日本を支える逸材として期待されていたことは確かだろう。

しかし、やがて前田は新日本の内部のごたごたから、１９８４（昭和59）年に新日本を脱退し、ＵＷＦという新しい団体に参加する。猪木もやがて参加するという前提で入ったらしい。しかし、このＵＷＦへの参加が前田のレスラー人生を大きく変えていく。

ＵＷＦは最初は、普通のプロレスを行っていた。ラッシャー木村や剛竜馬も参加していたが、元タイガーマスクの佐山サトルが参加してから格闘技色の濃いプロレスへと大きく変わっていく。その当時、ＵＷＦのテレビ中継はなかったが、僕は時々、レンタルビデオを借りて見ていた。何か雰囲気が暗く、華やかな空気はなかった。観客はリングでの試合を静かに見守っているという感じだった。ロープに飛んだりすることをせず、プロレスとは違う本格的なキックを繰り出し、グラウンドでもみ合いをしているといったスタイルでおもしろいとは思わなかった。ただ、リアルさはひしひしと感じ、観客のいないところではレスラーはあんなスパーリングをしているのだなと思うような試合だった。だから、その当時はこうした試合が好きだったわけでも、ＵＷＦのファンになったわけでもなかった。藤原、佐山、前田、高田伸彦（髙田延彦）、山崎一夫など強さを真剣に求め、ゴッチを慕う格闘技志向の新日本出身レスラーが自分たちのやりたかったスタイルの試合を確立しつつあるのだなということは感じていた。

前田は最初はエース的存在だったが、佐山の参加以降は、それほど目立っていなかったと思う。実力的には先輩の藤原や佐山に一日の長がある感じで、全体的にまだ甘さがあった。しかし、このＵＷＦを支持するマニアックなファンは確実にいた。猪木の言うストロングスタイルを標榜する新日本の試合が、猪木の衰えの中で次第に甘くなっていき、食い足りなさを感じつつある中で、UWFにそれを求めていったのかもしれない。UWFの試合はあっけなく勝負が決まったり、有名な外国人レスラー、たとえばマーク・ルーインなどに対してそれまでの序列をたたき壊すような試合をしたりもしていた。

そうした中で、やがて佐山と前田の考えの違いが顕在化していき、ケンカマッチのような試合が行われることになる。UWF時代の前田の試合で一番印象に残っている試合は佐山との最後の試合だ。お互いにひかないケンカマッチだった。佐山は強烈な蹴りを前田に浴びせるが前田は動じず、前へ前へと出て、張り手で応戦したりする。やられてもそれを一切表情に出さずにひたすら前に行く二人。妥協しない心の強さと身体の強さが真っ向からぶつかり合い、異様な緊張感をもたらしていた。ほとんど観客不在のお互いの意地がぶつかり合う試合展開の中、糸口が見出せぬと判断した年上の佐山が前田の急所蹴りをレフェリーに訴え、試合はあっけなく終わるという後味の悪い結果だった。プロレスの試合としては全くなっていないし、格闘技としても特に凄い技術の攻防が見られたわけでもないが、その両者の身体と意志のぶつかり合いはおもしろい。ケンカマッチだが、反則の顔面パンチなどは出さずに一定のルールのもとでの戦いではあった。負けん気の強さでは定評がある佐山を前田がやや上回ったような内容だった。前田がどんな相手にでも本気になればそうは簡単に崩されないというのを証明した試合だった。この試合以後、前田はUWFで試合をせず、やがて会社は崩壊していく。

そして、1985（昭和60）年に前田、藤原、木戸、高田、山崎の5選手は新日本に復帰する。全日本の誘い等もあったようだが、結果的に古巣の新日本を選ぶ。それは正解であった。「UWFでやってきたことが何だったかを確認するために帰ってきました」とリング上で前田は挨拶し、新日本での試合がスタートする。前田の言葉に他のレスラーにない光があることを感じたのは、この時が最初であった。前田が最も前田らしく、レスラーとしてピークにあり、輝いていたのは、新生UWF時代ではなく、この新日本復帰時代であった。この時代の前田の足跡をたどりたい。

最初はタッグマッチで新日本選手とU選手との試合が行われていた。そこで、ロープに飛ばなかったり、キックを乱打したり、あるいは関節技で攻めたりと、それまでの新日本マットで見られなかったシビアな攻撃をU選手がしかけて、相当な盛り上がりを見せていた。スタイルの異なるもの同士の対決として見応えがあった。これまで、新日本選手は国プロ勢などとの試合においては完全に自分たちが主導権を握っていたが、この時は完全に逆で常に守勢にまわる展開だった。猪木が元気だった頃に目指したプロレスのスタイルを、それが衰えてしまった今の新日本に復活させるべく、新日本選手に活を入れる感じの様相であった。僕は久しぶりに夢中になって、それらの試合を見ていた。この頃はたぶん、テレビの放送時間はゴールデンタイムから深夜に移行していた時ではなかっただろうか。その当時に手に入れたベータのビデオデッキに録画して見ていた。

そうした中で、最終的に猪木と戦うことを目的として、U選手同士のリーグ戦があった。その中で一番になった者が猪木と戦うという流れだった。決勝戦で前田は藤原と試合を行う。両者とも技を極めていたのだが、結局、藤原が勝利を収める。その結果は変な裁定だなと思ったものだ。前田が藤原に試合の権利を敢えて譲ったように見えた。

そして、藤原は猪木と試合をする。その日の藤原は何か表情が変で酒を飲んでいるような目をしていた。猪木という自分の尊敬する師匠とメインイベントで戦う大きなプレッシャーと負けという結果がわかっている試合に臨む藤原の心情を彼の様子から感じとることができた。

藤原というレスラーを、僕はかなり前から知っていた。若い頃から老けた顔をしていて、盆栽とか絵を描いたりするのが得意で多趣味な個性的なレスラーだった。猪木の付き人として、前述したように猪木の大事な試合に帯同していて、猪木のボディガード的な存在だった。道場での実力はピカ一で、ゴッチに師事し、藤原ノートにはびっちりとゴッチの言ったことを書き留めていて、理論的に関節技を教授できる真の実力者であった。前田や高田、船木優治（誠勝）、鈴木みのるなどは藤原とのスパーリングで鍛えられて、プロレスラーとしての誇りを保持し、パフォーマンスではなく、強さを求めるレスラーを追求していく。ただ、藤原には華がなく、真の実力では自分より下のレスラーたちの後塵を拝していた。

しかし、僕は藤原をあまり強いと思ったことがないのだ。確かに関節技の実力は緻密であり、佐山や前田などを上回っていた。UWF時代の試合を見ると、非常にねちっこく攻めて、その技は彼らに比べて甘さがない。ただ、パンチやキックのスタンディングの技術、相手を倒すレスリングの技術はそれほどでもない。また、一番、猪木や前田と違うところは、未知の相手、気心が知れていない相手に対しては弱いという点だ。それを特に感じたのは、ドン・中矢・ニールセン戦だ。前田がニールセンと戦った後に行われた試合だが、顔面にキックを浴びて出血し、あっけなく藤原は敗れている。その負け方がよくなかった。グラップリングの試合は強いが、総合格闘技的な試合になるとそれ程でもないというのが僕の藤原評である。

さて、試合だが、藤原の極めたアキレス腱固めを、極める方向が違うといったようなポーズを猪木がして余裕を見せる場面もあった。最後は、猪木のキックが藤原の股間にあたり、その隙に猪木がスリーパーホールドで藤原をおとし決着がつく。予想通りといえば予想通りの結果であった。ただ、その後の出来事が試合そのものよりも強烈に印象に残っているのだ。

裁定に納得のいかないU選手がリングに上がっていく。その先頭を切ったのが他でもない前田であった。勝利して、手を挙げる猪木ののど元に強烈な左のハイキックをぶちこむ。怒りを全身から発する前田と前田にキックを入れられる直前の猪木の不安そうな表情。キックを受け、たまらずダウンする猪木。その動きに対して、制止しようとする新日本勢。大声を出して木村健吾を威嚇しひるませ、前蹴りを見舞い蹴散らす前田。立ち上がり、のどを押さえながら、何か言おうとしている猪木。リング上の猪木のあの弱々しい表情を見たのは初めてのような気がする。納得しないまま、リングを降りた前田は、両手でエプロンをたたき、悔しさを表す。あの時に、あの瞬間に僕は完全に猪木ファンから前田ファンに変わったのだ。「そうだ、前田、君は正しい」「君の行動を全面的に支持する」と思ったのだ。正義は猪木ではなく、前田にあると。

その後、前田の挑戦を猪木は決して受けようとしなかった。誰の挑戦でも受けると公言し、それを実行してきた猪木が、初めてそれを実行しなかったのが前田との対戦だった。40歳を過ぎた下り坂の猪木と27歳の活力がみなぎっていた前田。猪木が逃げたと思われても仕方ないだろう。猪木の新日本プロレス内の政治力をもってしても、決め事を無視して何をするかわからない前田に対して、猪木自身、またはフロントも恐れていたのは確かだろう。

あの頃の前田は心身ともに充実していて、動きに無駄がなく、説得力があり、しかも常に殺気をみなぎらせていた。初期の頃は背が高くスマートで、U独特の長いリングシューズは似合っており、そのスタイルにおいて一番魅力的であった。時代時代の姿の一番いいレスラーが、一番強いレスラーだと僕は思っている。それまでは猪木であったが、あの頃一番姿形がきれいだったのは紛れもなく前田であった。

前田と猪木は一対一の対戦は組まれることはなかった。ただ、タッグマッチでは何度か対戦した。あの初期の頃の試合で最も記憶に残っている試合は1986（昭和61）年3月に行われた5対5のイリミネーションマッチだった。おもしろくて何度も何度もビデオで繰り返し見た記憶がある。U選手5人と猪木、藤波、木村、星野、上田との対戦だ。なぜか、上田馬之助が新日本サイドに入っていたのが不思議だったが、対前田用として、猪木の用心棒的存在として、ガチンコに強い上田を配備したのだろう。

この試合で印象に残っているのはやはり、前田と猪木の対決である。猪木は全体的に腰が引けている感じがした。積極的に前田と対峙することを避けているように見えた。前田は猪木を強引に低いタックルなどで倒して、グラウンドに引き込んで試合の主導権を握っていた。猪木も反撃しようとするが、前田はその裏をかいたり、力ずくで猪木の先手先手を取っていた。特に膝十字固めを執拗に仕掛けて、猪木の脚にかなりダメージを与えていた。全体的に前田の優勢勝ちに見えた。しかし、前田はハイキックやニールキックを打たれ強い上田に見舞い、かなりのダメージを与えたものの、前田の脚をつかんだ上田が無理矢理、前田をリング外に引きずり落として、ルールによって前田は失格となる。上田はこのために新日本のメンバーに入ったことを確信させるシーンだ。エプロンを叩き、悔しがる前田。前田が転落した時、猪木がほっとした表情をするのを僕は見逃さなかった。前田がいなくなったその後の試合展開は書くに値しない。この試合は新日本側の勝利に終わったが、前田強しの印象は一層強くなり、猪木が前田戦から逃げているという状況は確定的となった。

小林や大木、ラッシャー木村、ヒロ・マツダ、マサ斉藤など相手を選ばすに試合をしてきた猪木が、結局最後まで前田と試合をしなかったことが、猪木の存在を完全に希薄にした。あの時、猪木は対戦を何度迫っても応じなかった馬場の気持ちが初めて理解できたのかもしれない。

前田はその後、外国人レスラーや坂口などとも試合をするがあまり印象に残っていない。前田は外国人レスラーには人気がなかった。ケガをさせられるかもしれないという懸念や、藤波などに比べてバランスが悪いといったような理由を言っていたようだ。前田はいわゆる、一般的な運動神経のいい方ではない。また、器用なタイプでもなく、柔軟な対応をするプロレスができるタイプではなかった。パフォーマンスや顔の表情で観客を引っ張るのではなく、黙々と行うシビアな攻撃や少々のことでは心を折られないハートの強さといったようなものが彼の魅力だった。前田は前述したように初めての海外遠征はヨーロッパで、後にアメリカにも行くが短期間であり、アメリカ的なショーアップしたプロレスを身に付けていなかった。

さて、前田のシングル戦で印象に残っている試合は何か。それは誰もがアンドレ・ザ・ジャイアント戦とドン・中矢・ニールセン戦との異種格闘技戦と答えるだろう。

まず、アンドレ戦だ。前述したが、前田は数年前にアンドレと試合をしている。ニールキックなどを放ち、善戦するが最後は敗れている。テレビで見てかすかに覚えているが、若手のレスラーがアンドレ相手にそこそこ頑張っているなあという程度の試合だった。

二度目の試合は1986（昭和61）年の4月、三重県の津市体育館で行われた。テレビ中継をするはずであったが、試合の異常さから放映されることはなかった。僕は雑誌でその試合について知る。かなりのページがその試合の記述にさかれていて、その写真の様子から、普通の試合ではなかったのだということを強烈に感じた。まず一番初めに思ったことは、その試合をなぜ放送しなかったのかということだった。ああいう試合こそ、真のプロレスファンが見たかった試合なのにという思いで、放送しなかったテレビ局、あるいは新日本の対応に腹が立った。自分たちに都合の悪いことは隠すということに対して疑問や憤りを感じた。そうした姿勢がプロレスから人々の心を遠ざけている原因の一つになっていると思った。

その時に見た雑誌の写真や記事からだいたいの流れはつかめた。後にYTで試合の全容を何回か見た。普通のプロレスをしようとする前田に対して、それに付き合わず、アンドレ流のサブミッション、つまり全体重をかけてのフルネルソンや前田の顔を大きな手でチンロックしたりするリアルな技を仕掛けてつぶそうとするアンドレ。それに対して、とまどいながらも柔軟な身体を活かしてしのぎ、あくまでもプロレスをしようとする前田。それが途中から考えを変えて、リアルな技で対抗していくようになる。特にキック攻撃では足の甲ではなく、踵の部分で、アンドレのガラスの膝を狙っていく。アンドレの巨体をタックルで何度も倒していく。次第に動きが鈍くなり、ロープにもたれかかり、攻撃をしなくなっていくアンドレ。やがて、自分の今の力ではこの前田を倒すことはできないと悟り、リングに寝てもう戦う意志がないことを表明する。前田は悲しそうな顔で「なぜ、こんなふうな試合をしてきたのか」とアンドレに問いかける。アンドレは「これは俺自身の意志で仕掛けたことではないんだ」と手を広げる。アンドレの試合放棄による完全な前田の勝ちであった。誰かがアンドレを焚きつけて、新日本サイドの指示に従わずにあくまでも自分を通そうとする前田を力で懲らしめようとしたのは間違いない。しかし、それが誰かは明らかにはなっていない。

しかし、この試合はどんなレスラーが本当は強いのかを僕らに問いかけてくれた。アンドレはある時期は本当に強かった時もあったであろう。前述した国プロのワールドシリーズでゴッチ、ロビンソンを退けて優勝した頃からアメリカに渡り、新日本に参加した数年は体力的にも充実していた。しかし、この前田と戦った頃はかなり力が衰えていた。身体つきや表情を見ればわかる。にもかかわらず、プロレスではアンドレのこれまでの実績、ネームバリューがアンドレをかつてのアンドレのままにとどめられていた。血気盛んな、追い詰められた前田のやむを得ない対処によって、この時点でのアンドレの真の実力が露見した試合だった。

また、もう一つは、後に行われる総合格闘技の試合において、身長が高かったり、体重があったりする選手が必ずしも強いとはいえないという事実を僕らに教えてくれた。2メートル以上あったり、体重が150キロ以上あったりする選手はスタミナがなかったり、動きがどうしても緩慢になったりして、結果を残せないいくつかの例を見てきた。プロレスラーのルー・テーズにしてもダニー・ホッジにしても、総合格闘家のヒョードルにしてもアントニオ・ホドリゴ・ノゲイラにしても、ボクサーのアリにしてもジョージ・フォアマンにしても身長は１８０センチから１９０センチくらいで体重は１００キロ前後のサイズである。レスラーの中でも並外れて大きなアンドレが強いというのは、ある意味プロレス的発想で、それは馬場にもいえる。寝かせてしまえば大きさは関係ないというのが本当のところではないか。

倒れたままで試合を放棄したアンドレの様子を見て、たまらず猪木がリングサイドにやってくる。そしてリングに上がる。新日本の責任者としてこれ以上、この試合を続けさせることができないと判断したのだろう。たぶん、アンドレは猪木を見て、安堵の表情を浮かべたであろう。その猪木の行動に対して、藤原はかなり怒った表情で抗議していた。「仕掛けてきたのはアンドレだ。それに対して前田は身を守るために仕方なく、反撃したのにそれを第三者が入って試合を止めるとは何事か」と藤原は言っていたのではないか。僕も同じ気持ちだった。あの時は、「仕掛けたのは猪木、あなたではないのか」と思った。「猪木さんなら何をやってもいいのか」と前田は言っていたことがあるが、それを実証する光景だった。レフェリーが判定を下すべきなのに、代表の猪木が試合を止めてしまった。かつてキックボクシングの試合で、キックボクシング界のエースだった藤原敏男と元ボクシングの世界チャンピオンだった西城正三が試合をした時に、不利と見た西城の兄のトレーナーがタオルを投げて、リングに上がり試合をとめたシーンに似ていた。前田対アンドレ戦はなぜか見たことのない外国人がレフェリーだったが、彼はアンドレの試合放棄によって前田の勝ちとして判定すべきだったのだ。

前田は悲しそうな憤懣やるかたないといった表情でリングを後にし、聞くところによるとシャワーを浴びながら泣いていたという。27歳の前田はその時に何を思ったのだろう。

「自分はプロレスをやろうとしている。UWFで磨きをかけたリアルな技で新日本が標榜するストロングスタイルのプロレスを軌道に戻すために真剣に取り組んでいる。しかし、それはセメントを仕掛けて相手を崩すものでは決してなく、あくまでもプロレスのルールに則って行うものだ。それなのに、新日本サイドは俺を嫌い、俺を疫病神の如く思い、アンドレという刺客を差し向けて俺を崩そうとした。決して嫌いでない、むしろ尊敬しているアンドレをああいう状態に追い込んでしまった。一体誰が、アンドレにああいう試合をせよと指示したのか」

あの当時、猪木を含めて、前田を力で屈服させることのできない状況の中で、アンドレならばと思った者が仕組んだ試合だった。それを前田は心ならずもはねのける。この試合は放送されなかったが、それゆえに伝説となり、前田の株は一気に上がっていく。プロレスとしては成り立たない試合かもしれないが、揺れ動く両者の心の様子を見ると本当におもしろい試合だ。プロレスというのは時にこうしたアクシデントが起こる。それが大きな魅力の一つであった気がする。マスコミがこうしたアクシデントをとりあげず、封印してしまうことでプロレスへの信頼性が逆に失われていった。

この試合からしばらくたってからだろうと思うが、猪木はアンドレから初めて、変形の腕固めでギブアップを奪う。前田との試合が影響していないとは言えないだろう。すでに前田ファンになっていた僕は興ざめしてこの試合結果を苦笑いしながら受け止めたものだ。

前田とニールセンとの試合は同じ１９８６（昭和61）年10月に行われた。メインイベントの猪木対レオン・スピンクス戦の前の試合だった。この猪木の試合はリアルタイムで見た。スピンクスが何かプロレスを小馬鹿にしたような不真面目な態度で猪木と試合をしていたのを覚えている。猪木の延髄斬りをヘラヘラと笑って受けていた。全くおもしろくない後味の悪い試合だった。対戦相手の選択のまずさと猪木の限界を感じたものだった。

前田の試合はあの同じ日に見たという記憶がない。雑誌を見てその様子を知った方が先だった気がする。映像はずっと後になって見たのではないだろうか。この一戦は前田が「新格闘王」と称されるきっかけになった試合で非常にスリリングな内容であった。後に、K－1でピーター・アーツやミルコなどの真に強いキックボクサーを見ることになるのだが、ニールセンは彼らと比較するとそれ程強いキックボクサーには当時も見えなかった。談話などから黒崎健時氏などはニールセンの実力のほどを当時から見切っていた。しかし、ニールセンは背も高く、結構負けん気が強そうに見えた。

試合前、二人は間近に顔をつき合わせ、ガンを飛ばし合った。前田のプッツンした顔を見て、ニールセンも覚悟を決めた表情をした。打撃のプロと初めて向かい合う前田は、緊張感もあって、初回からパンチを受けた。それによって以後、前田は意識を失った中で戦ったらしい。ニールセンにもう少しのパンチ力と連打を浴びせるコンビネーションがあれば、前田は早い回でKOされていただろう。ニールセンによれば、早い回のKOはだめだという指示があったらしい。この試合は真剣勝負ではなかったと言われているが、新日本から送られた刺客として、前田をKOして恥をかかせてやろうということも考えられる一戦だった。簡単に前田に勝たせて終わりという出来試合ならば、あれほど観客が沸き、おもしろい試合とならなかっただろう。

パンチ、キックを浴びながらも前田は倒れずに捕まえようとする。しかし、ロープブレイクのあるルールでニールセンはすぐにロープに逃げる。ニールセンの身体はアリやルス力に比べてずっと貧弱であったが、押し倒してすぐに決める力が前田にはまだなく、極めきれない。プロレスではアキレス腱固めはキッチリ極まるが、必死に逃げようとするニールセンの顔面キックを相当数浴びた前田はなかなか極めることができない。キック、パンチを放つニールセンとそれを捕まえてグラウンド技を極めようとする前田。両者の技の力、精度が今一つ不十分なのでお互いにきめきれない状況が続き、それが試合に緊張感をもたらし、観客は集中して成り行きを見ていた。その中で決めた前田のサルトは見栄えは悪いが、立って抵抗する相手を強引に投げる本当のスープレックスに見えた。試合後、ゴッチもあの技を褒めていた。実践で使えるスープレックスだった。そうして、最後はアキレス腱固めに抵抗するニールセンを裏返して、プロレスの古典的な技である逆片エビ固めを極めて前田が勝利した。リングに上がり、小躍りして喜ぶ高田。満足そうな表情で前田を讃えるゴッチや藤原、シーザー武志。プロレス界において新しいエースが誕生した瞬間であった。

その後、ニールセンは藤原や山田恵一（獣神サンダー・ライガー）などのプロレスラーには勝つが、佐竹雅昭やウェイン・シャムロックなどには敗れ、その実力を露呈していく。今の総合格闘技のルールであれば、ロープエスケープもなく、ニールセンクラスの選手ならば、極めの確かな選手と対戦すれば秒殺される可能性が高い。ただ、あの時にあの状況であのルールでのレスラー対キックボクサーの試合においては、技術のレベルはさておき、本当に固唾を呑んで見る起伏の多い、魅力的な内容であった。初めての異種格闘技戦に臨む20代半ばの二人の若者の必死な姿が見る者の心を捉えたのだ。少なくとも、かつての猪木対モンスターマン戦よりは質が高かった。それは、当時の他のレスラーと異なり、前田がある程度、立ち技の技術があり、蹴りでも応戦できるものをもっていて、その攻防を見ることができたことにもよると思う。

あの頃の前田が、ボクシングなどの技術も練習して身に付け、後の総合格闘技の場に出れば、かなりいい線までいけたのではないだろうか。前田の一番の強さはここぞという時の精神力の強さにある。追い込まれてもそう簡単には屈しない心のタフさが一番の魅力である。姿形の見栄えのよさにおいても、１９９０年代以降に活躍した総合格闘技の選手たちを上回っていた。この一戦は我々一般のファンだけでなく、リングの下で見守っていた新日本の若手レスラー、橋本真也や船木などにも大きな影響を与えた試合だった。

以上の二つの試合が前田が新日本と提携していた時代に行われた心に残る試合だ。もう一つあげよと言われれば、やはり同じ年の１９８６（昭和61）年6月の藤波辰巳との試合だ。猪木を筆頭にして、前田とシングルで戦おうとしない新日本勢の中で唯一試合をしたのが藤波だった。藤波はこの頃、32〜33歳でまだピークを維持していた。ほとんど前田が一方的に攻める内容だった。藤波はサンドバッグ状態でキックを浴びて、前田の強さがひきたった試合だった。しかし、今考えると、そういう前田の攻撃を藤波は逃げずに身体全体で受け、やられ役に徹していた。いやらしさのない先輩の藤波を若い頃から見ていた前田は心の中で尊敬し、信頼していた。日本勢としてやっと自分と試合をしてくれた藤波に対して敬意を持っていたと思う。

やる前田、やられる藤波の試合はなかなか魅力的だった。前田のニールキックをこめかみに浴びた藤波は血管を切って流血する。朦朧とした顔でロープを背にする藤波。それはアクシデントだった。それを見た前田は明らかに狼狽していた。何が起こったんだという表情だった。試合をしながら、藤波をいたわるような弱気な表情を見せた後、ロープにお互いが走り、中央でジャンプして相打ちとなり、両者ノックアウトで引き分けに終わった。ダメージをそれ程受けていない前田が倒れて起き上がらないのは不思議だったが。試合後、両者は歩みより握手をして再戦を誓う。その前田の表情、頭にタオルを巻いた藤波の表情。ノーサイドだった。さわやかな空気が漂っていた。前田はいみじくも言っていた。「無人島だと思って漂着した島に仲間がいた」と。新日本の冷たい風にさらされていた日々の中で心通じ合う者を見つけた瞬間だったのかもしれない。

後に新日本の社長になった頃の藤波は、批判されることが多かったと記憶している。しかし、舌鋒鋭いあの前田が藤波に対して悪く言うのをあまり聞いたことがない。前田と藤波は性格的に全く似ていないことが、お互いに相手を認めるということに繋がっているのかもしれない。やはり、1986（昭和61）年がスポーツ選手としての前田の全盛期だった。

1987年以降の新日本での前田の試合はそれほど印象に残っていないのだ。いつか忘れたが、山崎と試合をして、胸の骨を骨折して手術したあたりから、少しずつ前田の体重は増えていった気がする。新日本のUWFへの懐柔が進んでいき、藤原や高田などが取り込まれていきつつある流れの中で、前田は必死に抵抗していたと思われる。ストロング・マシンとの試合やアメリカ遠征から帰国して、ヘルメットをかぶって入場する武藤敬司との試合などがちらほら思い浮かぶ程度だ。マシンに攻撃されて流血させられた試合。何か臭いイメージの武藤をシビアに攻めていく試合。しかし、あまり印象に残っていない。

僕はUWFが加わってからの新日本の試合を必死に見ていたのだが、それ程視聴率は上がらなかったのか、やがてテコ入れのために一度は去っていった長州が戻ってくる。長州や藤波のグループに前田らも加わり、新世代軍だったかの名前が付けられて、猪木など年配のグループとの試合が組まれていく。僕はその展開にそれ程、興味がなかった。

その状況の中で、前田と長州が久しぶりにタッグマッチで対戦する。１９８７（昭和62）年11月のことだ。その試合はやはりおもしろい。長州の参戦で存在感が低下しつつあるUの代表としての焦燥感を前田が感じていたのは当然だろう。そうした当時の前田の感情が長州とのからみで正直に表れていた。キックで長州を追い込んだり、反撃しようとする長州を挑発したりして緊張感を高めていき、最後にサソリ固めをかけている長州の顔面にキックを浴びせる。それは当たり所が悪く、長州の顔面は無残に腫れていく。激怒した長州が前田に迫っていくがそれに前田は応戦し、パートナーそっちのけのケンカマッチとなろうとする。それを高田と斉藤がなだめて、最後は高田が長州にフォールされて試合は終わるが、その後も両者の小競り合いは続く。後味の悪い試合だったが、見ている者にはたまらなくおもしろい試合だった。本気の前田と長州の様子が見えたからだ。あの頃の長州なら前田と十分に渡り合える実力を持っていた。あの試合を因縁にして、前田対長州の試合があれば、相当注目されただろう。藤波のようにやられっぱなしではなく、シビアな攻めで長州は前田に負けずに攻撃を返したと思う。前田ファンの僕としては当然、前田の勝ちを予想したが、その試合は結局、前田が新日本を解雇されたことで行われなかった。

この試合に関して、代表の猪木が「プロレス道にもとる行為」だとして、前田を批判した。グレート・アントニオを徹底的にいたぶるなど、これまで「プロレス道」に反した試合をすることもあった猪木が、「今さら何を言っているんだ！」と、猪木らしくない発言に僕は苦笑した。前田との対戦を避けた猪木は前田の解雇によって二度罪を犯し、それまで猪木が築いてきたものを自ら崩した。このことは猪木ファンがまた去っていくきっかけとなった。また、長州もやられっぱなしで、それまでの強気でならすイメージを崩していった。前田は解雇されたが、それは前田が新しい道を広げていくことにつながっていく。そのことについては、新生ＵＷＦの章で述べたい。

前田がいなくなった新日本を以前のように本気で、夢中になって僕が見ることはなくなった。しかし、その後も新日本はプロレス界の中心として存在し続ける。なおもプロレスファンであった僕はその動向は捉えていたが、僕が印象に残っている試合というものは少ない。パッと思い浮かんでこない。

猪木がショータ・チョチョシビリに敗れた試合、長州の背後からのラリアットで猪木が敗れた試合、サルマン・ハシミコフやビクトル・ザンギエフなどのソ連軍団との試合、闘魂三銃士の試合、高田と武藤との試合、新日本プロレスに力をとどめたい猪木が行ったとされる一連の総合格闘技戦。僕の興味の対象が新日本から離れ、前田関係の団体に移っていったので、以前、新日本を本気で見ていた時に、斜めの角度で全日本を見ていたような感じで新日本の流れを見ていた。

僕は、猪木の始めた新日本の流れを汲み、その魂を持っていた最後のレスラーは橋本真也だと思っている。武藤、蝶野正洋、橋本は闘魂三銃士と言われて、猪木、藤波、長州、前田の後、新日本を担う若手三羽がらすとして注目されていた。総合的には武藤が一番という評価だが、僕は断然、橋本をかっていた。

武藤は柔道の経験者であり、体格も恵まれていた。一般的な運動神経も三人の中では一番だと思う。アメリカ遠征では、グレート・カブキのアレンジでグレート・ムタとして活躍した。猪木との試合でも50歳前後の猪木を翻弄していた記憶がある。姿形も三人の中では一番立派で、独特の動きをして抜け目のない試合をしていた。

ただ、僕は彼には魅力を感じたことがないのだ。どこかジャンボ鶴田的な面があり、何でもできるがそれだけに技が軽い。さわやかなイメージがあり、プロレスの持つ怖さといったようなものが感じられない。アメリカンプロレスのパフォーマンスが僕には臭く感じられてしまうのだ。猪木だったか、誰かも言っていたが、武藤によって、それまでの日本のプロレスの形は変えられ、今のプロレス、ＷＷＥ的な完全にショー化したプロレスに変わっていった。狭い範囲のファンには受け入れられるが、日本人の多くの大衆を引きつけて、ある影響力を持っていたプロレスは廃れていった。

今のプロレスを見ると、武藤が披露していたプロレスのスタイルをさらに進化させて、より軽く、格闘技色を薄く、さらりとさせて、人間の持つ情念みたいなものをなくし、マンガチックにしているように見える。

そうした中で、無骨ながら、昔のように道場での強さを追求しながら、まっすぐにプロレスに向き合っていたのが橋本のような気がするのだ。順応性に乏しく、人間関係作りが下手で、長州などと対立しながらも、自分らしさを追求していった新日本最後のリアルプロレスラーが橋本だと僕は思う。猪木の持っている魂を継承し、猪木の匂いを持っていた最後のレスラー、橋本。その点で前田に少し似ているところがある。

その橋本の試合の中で、一番印象に残っているのが、1999（平成11）年に行われた小川直也との不穏試合だ。猪木の指示を受けたのかどうかは知らないが、小川がプロレスの範疇を超えたパンチ、キックを橋本の顔面に見舞い、橋本が戦意喪失する。橋本は柔道出身だけに柔道の世界で名を馳せた小川に対して何か精神的に弱いところが、それまでの試合にも見られた。少しずつ格闘家へとスタイルを変えていった小川のシビアな攻撃に対して反撃できずに終わってしまった試合だった。

この試合で一番おもしろかったのは、試合そのものではなく、試合後の新日本サイドと小川サイドのぶつかり合いだった。小川サイドには、佐山がいる。用心棒のジュラルド・ゴルドーがいる。山崎や中西学などいきり立つ新日本サイドの中で、比較的に落ち着いて何かこのもめ事を楽しんでいるような雰囲気だったのが藤田和之だ。その後のプライドでの彼の活躍を知っている今となってはとても興味深い光景だ。やがて長州も出てくる。しかし、小川本人はほとんど無傷で、集中的にやられたのは村上和成だった。こうしたプロレスの枠を超えたセメント試合がいかにおもしろいかを実証する試合だった。

ただ、その後の小川のプライドでの試合、たとえばヒョードルや吉田秀彦との試合を見ると、小川はそれ程ハートの強い選手ではないということがわかる。だから、あの時に橋本がもう少し覚悟を決めて、プロレスの範疇を超えた反撃をしていたら、案外、小川はあっさりと萎えていった可能性もあった。それを考えるとあの結末は残念だった。たぶん、この試合が僕が本気で見た、新日本プロレスの最後の試合だったのではないだろうか。その後まもなくして、小川との再戦にも敗れた橋本は新日本を去り、自分の団体を作るが、40歳という若さで亡くなってしまう。もうあれから15年以上経つと思うと不思議だ。橋本が亡くなった後、猪木の魂を継ぐレスラーはいなくなった。

橋本がIWGPのチャンピオンになり、闘魂三銃士が活躍していた1990年代頃から2000年代初めの頃、坂口社長の下で新日本は再び活況を呈していた。東京ドーム大会など、大きな大会を何度も行うようになっていた。その時の現場監督が長州だった。UWFインターと交流戦を行い、UWF系のプロレスを新日本が呑み込み、上から目線の発言をして、僕たちU系ファンに地団駄を踏ませていた時もあったが、それは一時的なバブルだった。

やがて、総合格闘技ブームが到来する中で、武藤的なプロレスを嫌う猪木が新日本内に総合格闘技的な要素を入れるように画策した。新日本でもナンチャッテ総合格闘技的なものが行われたが、それは本物に勝てるはずはなく、人気を得ることはできなかった。そうした流れに反発する長州や武藤などが新日本を離れていく。

一方、新日本との交流戦で辛酸をなめた高田はヒクソンとの戦いに敗れはしたものの、弟子の桜庭和志などの活躍で一躍、格闘技界の檜舞台に踊り出て注目を浴びるようになる。新日本から送られた永田裕志がヒョードルやミルコに惨敗する中でプロレスラーの強さが疑問視されて、格闘技者としてのプロレスラーの地位は完全に低下する。総合格闘技ブームによって、新日本のストロングスタイルは過去のものとなり、プロレスと総合格闘技の立場は完全に逆転する。

さらに高田は、総合格闘技を中心に据えながら、ハッスルという完全にショー化したプロレスを並行して行うことによって、なお一層新日本に対して、その存在を問い、追い打ちをかけていった。以前とは逆に高田が高みから新日本を見下すような状況になる。
そうした時代を経て、新日本は強さを求めずに、ショー的なプロレスを目指す方向に舵取りをしていったのだろう。腕試しで総合格闘技に挑戦することなどはもはや考えず、純粋なプロレスを追求する道を進んでいったのだろう。その参考にしたのが、アメリカンプロレスだった。その結果、今、以前に比べると遙かに狭く少ない、都会に住む一部のコアな人たちが、新日本を始めとする新しい形のプロレスを支えるようになっていったのだろう。しかし、僕たち、昔から新日本を知っている者は、今のプロレスに魅力を感じていないのだ。前述したようにBSのワールドプロレスリングをちょっと見てみるのだが、辛抱できないですぐにチャンネルを換えてしまう。これは僕の求めるプロレスではないと。全く変わってしまったプロレスに嘆息するしかないのだ。

新日本にはいろいろなレスラーがいた。猪木に勝るレスラーはいないものの、猪木は多くの有望な後継者を残した。その点が新日本の一番の功績であると断言できる。前述の藤波や長州、佐山、前田の他に藤原喜明、木村健吾、小林邦昭、ジョージ高野、平田淳二、高田延彦、山田恵一、鈴木みのる、栗栖正伸、ヒロ斎藤、荒川真、西村修、橋本真也、武藤敬司、蝶野正洋、藤田和之、中西学、永田裕志、石沢常光など、あげたらきりがない。

この優れたレスラーたちの存在が、他の団体と最も異なる新日本の財産である。猪木の最大の功績である。ＹＴで、最近彼ら新日本プロレスＯＢが猪木を中心にして集まる機会が増えているのを見る。猪木の体調が悪くなり、以前の元気が薄れているのを心配してのことだろう。彼らはみな年を取り、年月が確実に流れていることを実感する。しかし、彼らの表情を見たり、言葉を聞いたりして一様に思うのは、新日本のレスラーであったことの誇りと猪木に対して尊敬の念を持っているということだ。若い青春の時代、猪木という絶対的な存在のいる新日本の中で、厳しいトレーニングや様々な苦難に耐えて懸命に生きてきた自負を感じる。プロレスの形は大きく変わってしまった新日本であるが、今後もプロレス界の中心として存在し続けて欲しいと心から思う。

第4章　全日本プロレス

猪木の新日本プロレスと馬場の全日本プロレスは長くライバル関係にあった。しかし、僕から見ると全日本の印象は新日本に比べるとずっと希薄だ。好みの問題もあるかもしれないが、頭に刻み込まれている試合の光景がとても少ない。僕が今から記す全日本は馬場が存命の頃、1990年代までの全日本だ。それ以後はほとんど興味がなくなっていたのでよく知らない。現在も続いているようだが、三沢光晴たちが去ってからの全日本は、本当の意味での全日本ではないと思っている。今の新日本が猪木のいた頃の新日本ではないのと同じように。

日プロを退団した馬場は1972（昭和47）年に全日本を創設する。僕が中学二年生の頃だ。日本テレビのバックアップもあって、最初から順調なスタートを切る。日本テレビ系の金曜日夜8時は、かつてのプロレス中継からあの『太陽にほえろ！』に変わり、高い視聴率を得ていた。そうしたこともあって、土曜日夜8時の時間帯に全日本は放映された。新日本が最初はテレビなしでスタートして、テレビがついた後も僕たち地方に住む人間はなかなか見ることができなかったのと大違いだった。

この頃までは馬場ファンだった僕は、その頃新しく増築した部屋で、毎週土曜日の夜、全日本プロレス中継を一人で集中して見ていた。最初はとても熱心に見ていた。日プロ時代から日本にやって来て、馬場と試合をしていた有名な外国人レスラーが大勢参加していた。エリック、ディック・ザ・ブルーザー、キラー・カール・コックス、シーク、ブッチャー、ドリー、テリー、ディック・マードック、ハーリー・レイス、サンマルチノ、ジョナサンなど豪華な顔ぶれであった。日プロ時代の遺産を馬場はそのまま継承していた。日本人は、最初は大熊元司、マシオ駒、サムソン・クツワダ、百田光雄やがてロッキー羽田、肥後宗典、伊藤正男、渕正信、大仁田厚などで馬場以外はネームバリューがなかったので、国プロのサンダー杉山などが一時助っ人として参加していた。また、長年、馬場と戦ってきたデストロイヤーが日本側の助っ人として参加し、馬場とタッグを組んだりしていた。

チャンピオンベルトをすべて日プロに置いてきた馬場は、かつてインターナショナル選手権を獲得したのと同じやり方で、何人かの外国人レスラーと試合をした後に、聞き慣れない名のＰＷＦ選手権保持者となり、そのタイトルマッチを何年間か行っていった。馬場の全日本時代の試合で印象に残っている試合はとても少ない。全日本ができた当時、馬場はまだ34歳くらいだったと思うが、明らかに痩せて、肩幅は狭くなり、身体つきは変わっていた。

また、試合が安易になったと感じた。社長になった馬場に対して、かつてのシビアな攻撃を仕掛ける外国人レスラーはいなくなった。若かった日プロ時代に必死の形相で青息吐息の試合をしていた馬場だったが、全日本になってからはむしろゆとりのある試合をするようになった。身近に猪木という存在がいなくなってから、ある意味安心したのか、イージーな試合をして割と簡単に勝つという場面が多くなった。全日本への思いは、僕がかつて国プロの試合に感じたような気持ちと似ていた。

創設当時から、有名な外国人レスラーが多数全日本に参加して、馬場は彼らと試合を行い、そこそこの試合はするのだが、両者がきしみ合うような激しい試合をする環境、体力をすでに持っていなかった気がする。猪木が以前言っていたが、試合がコミックになっていった。僕にとってのアイドルだった馬場は日プロ時代までだったといってよい。したがって、特に初期の頃は外国人レスラーたちが全日本の主役だった。ここからは印象に残っている外国人レスラーとその試合について述べてみたい。

まず、最初は日本側の助っ人となったザ・デストロイヤーについてだ。デストロイヤーは日本人レスラーの少なかった全日本初期に馬場を支える大切な存在だった。彼は和田アキ子やせんだみつお、徳光和夫アナウンサーなどと一緒に『うわさのチャンネル!!』という番組に出演し人気者になっていく。

僕にはそのデストロイヤーとのいい思い出がある。全日本ができてまもなくの頃、愛媛県南宇和郡の御荘町（現在の愛南町）にあるサンパールという娯楽施設に巡業で来たことがあった。今はプールになっているが、以前は遊園地があり、その中に屋根付きの闘牛場の施設があった。そこで全日本が試合を行ったのだ。野外の広場で試合をすることも多かった新日本と違って一応屋根のある場所で試合をしていた。その時、中学生だった僕は初めて生のプロレスを見た。前述の親戚のプロレス好きのおっちゃんと一緒に見に行った（このおっちゃんは、つい先日、脳内出血で亡くなった）。そこで初めてジャイアント馬場も見た。ブッチャーもいたかもしれない。しかし、試合内容はよく覚えていない。試合はおもしろいと思わなかったが、中学生の僕は初めて目の前でプロレスを見たということに感激を覚えていた。

その時、心に残っている出来事がある。試合の前だったか後だったか忘れたが、試合場の近くの喫茶店にいるデストロイヤーを見つけた。ハンカチを買った僕は、サインをもらいに行った。「プリーズ、サイン」と慣れない英語で言うと、デストロイヤーは優しく、すぐにサインをしてくれた。そしてハンカチにサインした後、僕の左手の親指の近くにペンでちょこんと点を打ってくれたのだ。それがとても嬉しくて、今もその時の風景を覚えている。サインしてもらったハンカチは、しばらく、自分の部屋の壁に飾っていた。あのデストロイヤーの優しいユーモアのあるしぐさが忘れられない。

しかし、そのデストロイヤーはすでに日本プロレス時代のあのデストロイヤーではなかった。人気者になった代償として、かつての凄みや迫力を失っていった。ベビーフェイスとなり、かつては自分より格下であったブッチャーとの抗争でボロボロにやられるデストロイヤーを見るのは辛かった。また、マスカラスとの覆面レスラー決定戦でもマスカラスの引き立て役になっていると感じていた。しかし、初期全日本を支えた功労者であることには違いない。デストロイヤーは全日本を去った後もアマレス指導などで度々日本を訪れていた。

次にドリー・ファンク・ジュニアだ。ジャンボ鶴田の指導を始めとして、ドリーは初期全日本にとって欠かせない存在だった。昭和40年代末の馬場との試合は記憶に残っている。この頃になると馬場がどんな技を仕掛けてフォールしても、ドリーはのしかかった馬場の身体をすり抜けるような感じで決してフォールを許さなかった。馬場の身体を手で持ち上げるのではなく、身体をひねってフォールをかわし、見ていてかっこよかった。馬場の甘い攻めを軽く受け流していた。かつて日プロ時代に馬場が余裕をもってドリーに対していたのとは真逆の展開が見られ、ドリーの強さを痛感するとともに馬場の衰えを感じたものだ。前述したが、この頃がドリーが一番強く見えた時期だった。あの頃に猪木と再戦すれば、日プロ時代よりもさらにおもしろい試合が見られたかもしれない。

ドリーのシングル戦としては、1975（昭和50）年のオープン選手権でのホースト・ホフマンとの試合は今、YTで見てもおもしろい。地味な試合で名勝負というほど盛り上がった試合ではないが、テクニシャン同士のグラウンドでの攻防は渋くて興味深い。ホフマンがドリーのお株を奪うスピニングトーホールドのような技をかけたり、ダブルアームスープレックスや得意のサイドスープレックスを素早く仕掛けるのに対して、ほとんど大技を出さないドリーが首を執拗に攻める技で対抗する。最後はドリーの技から逃れようとするホフマンの動きを利用して、両脚を固めてドリーがフォールを奪う。お客さんの反応を見ても、ドーッと沸くような感じではないが、じっくりと両者の攻防を楽しんでいるといった雰囲気で、プロレスリングの試合として、玄人受けする重厚さがありおもしろい。藤波や西村修などが好むとてもオーソドックスな試合だった。

オープン選手権は本当にいい外国人レスラーが参加した大会だったが、お祭り的な顔見せ興行になってしまって、猪木対ロビンソン戦に食われてしまった。しかし、その中でこのドリー対ホフマン戦は例外的にいい試合だった。ああいう試合が、本来のプロレスファンの心をつなぎ止める試合のような気がする。ドリーはこの時にブッチャーとも対戦し、ブッチャーのラフ攻撃に対して一歩も引かず、ラフ攻撃で反撃し、単なるテクニシャンではなく、荒っぽい試合にも対応できることを示した。

ドリーは、やがて1977（昭和52）年の第一回オープンタッグ選手権の決勝で、テリーとのコンビでブッチャー&シーク組と戦い、多くのファンの支持を得たが、あの頃になるとやや衰えを感じるようになっていた。むしろ、オーバーアクションのテリーの方が観客の心を捉えていた。この試合は全日本の試合でも特筆すべき試合だった。その後の全日本の路線、雰囲気をつくっていく試合だった。女性や子どもの観客が多くなり、館内の空気が今までと違うようになる変わり目だった気がする。紙テープをリングに投げ込んだりするようになったのはこの頃からだったのではないだろうか。僕は次第にマンガチックになっていく試合内容に対して、懸念や嫌悪感を抱くようになっていった。リアルさや怖さを失っていく全日本に対して、不満を持つようになっていった。そして、全日本は、次第に新日本に差を広げられていくようになる。

ドリーはやがてブロディやハンセン等の登場によって影を薄くしていく。前述したが、ドリーは、アメリカ人レスラーとしては珍しく、いつも表情を変えず、感情を露わにせず淡々と試合をするレスラーだった。他のアメリカ人レスラーにない品格というものを感じさせた。テクニシャンだが、ロビンソンのようないやらしさもなく、相手を馬鹿にしたりするそぶりも見せなかった。そういう点で誠実で好感のもてるレスラーだった。

ついでに弟のテリーだが、寡黙な兄とは全然違い、明るく陽気なアメリカ人というイメージぴったりのレスラーだった。表情豊かで、パフォーマンスもオーバーで、喜怒哀楽を全身で表現し、一時、アイドル的な存在だった。アニメの『キン肉マン』にもテリーマンとして登場する程の人気者だった。ただ、プロレスラーとしての実力は兄に及ばず、彼のシングル戦はほとんど印象に残っていない。自分とは対照的な兄ドリーとのタッグマッチにおいて、その存在が光るレスラーだった。

全日本の代表的な外国人レスラーを一人挙げなさいと言えば、やはりアブドーラ・ザ・ブッチャーだ。新日本のシンに相当する存在がブッチャーだ。ブッチャーの人気の高さは、マンガの『愛しのボッチャー』のキャラクターに使われたり、橋本真也のことを仲間たちがブッチャーと呼んだりしたことにも表れている。全日本の初期を支えた大事な存在だった。日プロの末期に初来日した頃のブッチャーは裸足で、まだずっとスリムだった。あの頃はまだそれ程インパクトはなく、馬場とのワールドリーグ決勝戦でも馬場はまだ、いろいろな面でブッチャーを上回っていた。

やがて、全日本になってブッチャーのレスラーとしての素質が開花していく。丸い大きな目をした可愛い顔と太った体型。下半身は空手着をつけ、これまでの裸足からシークばりの、先が尖った凶器シューズをはくようになっていた。反則攻撃をするが、時折素早いキックを放ったり、ロビンソンのように相手の攻撃をかわしたりする俊敏な動きを見せる。そして最大の魅力は、相手の攻撃で顔面を血に染めていったんは膝をつくのだが、さらに加わる相手の攻撃に対して、途中から身体を震わせて耐え続け、遂には逆襲していくという姿だった。あの強靭さ、タフさが観客を魅了していった。ブッチャーが一番輝いていた頃は、誰が対戦してもブッチャーにはかなわない雰囲気があった。そして、シンと違って姿形、動きにどこかユーモラスなところがあり、それがブッチャーの魅力でもあった。

以前は対等以上に試合をしていた馬場は次第に圧倒されていき、やせた馬場の攻撃ではどう見てもブッチャーを倒せるはずはないというほどになっていった。記憶に残っているブッチャーの試合としては、前述のドリー戦、ブッチャーが軽く持ち上げられたジョナサン戦、頭突きの得意なブッチャーに頭突きで勝った大木戦などだ。

その外国人レスラーのエース格で全日本の看板だったブッチャーは新日本に1981

（昭和56）年に移籍する。初めて新日本のリングに立ち、挨拶をした時のブッチャーの姿をよく覚えている。サングラスをかけたブッチャーの横にはかつて日プロのレフェリーだったユセフ・トルコがいたと思う。

新日本時代のブッチャーの試合で最も印象に残っているのは、ハンセンと組んで、猪木と日本デビューの谷津嘉章が組んだチームと対戦したタッグマッチだった。ハンセンと入れ替わり立ち替わり谷津をコテンパンにする試合は、鶴田のデビュー戦とは対局にあるような非情な内容だった。あの時、ブッチャーは猪木や谷津ではなく、当時の外国人エース、ハンセンと戦っていたのだろう。勢い余って手刀で手を負傷してしまう程に張り切っていた。

その後、長く待たされた末に猪木との初のシングル戦が行われる。全日本時代では敵なしに見えたブッチャーの攻撃、例えばのど突きやエルボードロップは猪木にそれ程ダメージを与えたようには見えなかった。全日本のレスラーが決してしなかった下半身へのキック攻撃を浴び、延髄斬りでノックアウト寸前まで追い込まれる。バッファロー・アレンの乱入でＫＯを免れはしたがこの試合によって、ブッチャーの日本における栄華は終わりを告げる。ブッチャーは猪木新日本によってつぶされるために、呼ばれたようなものだった。ブッチャーは、優しい全日本のリングで輝くレスラーだった。

次に大木金太郎についてだ。大木は猪木と戦った後に、全日本に参加する。そして日本人との対決をそれまで行わなかった馬場は初めて大木と試合をする。１９７５（昭和50）年のことで、猪木戦の翌年である。なぜ、馬場が対日本人との戦いを解禁したのかはわからない。おそらく、猪木が小林や大木、あるいは坂口などと試合をして、注目を浴びたことと無関係ではないだろう。この試合も日本人同士の対決ということで館内は緊張感に包まれていた。日プロが崩壊して一時、全日本に参加していた大木は、馬場に冷遇されて全日本を去り、猪木戦を経て、再び全日本で試合をするという展開であった。

この頃までは馬場ファンであった僕は当然、馬場を応援していた。試合はおもしろかった。普段の試合とは違うリアルさがあった点でおもしろかった。この頃の日本人対決は、外国人との試合とは違う独特の緊張感があった。両選手の過去のいきさつが試合に投影されて、彼らの心の中の風景を垣間見せてくれた。

試合の大半は大木が支配していた。馬場よりも年上である大木、若い頃から馬場のことをよく知っている大木は、馬場に対して格下という意識は全くないように見えた。むしろ、本当の実力、道場でのガチンコの力は自分の方が上であるというプライドが試合の中で見えた。両者間合いをとって、簡単に組み合わない。大木の方が馬場をじらして、容易に組み合わず主導権を握っていた。大木の頭突きが馬場の腹部に何発も入り、馬場は身体を浮かすほどに痛がる。やがて、大木は馬場の頭ではなく顔面に下から突き上げるような頭突きを入れて馬場を追い込む。ほとんど大木のワンサイドゲームだ。馬場はやっと大木の胸板にキックを放つが大木はそれを微動だにせず、頭突きを馬場の頭部にいれて、馬場はたまらずダウンする。馬場の顔面から血が流れる。その後、何を思ったか大木は馬場をロープにふり、馬場は起死回生のジャンピングネックブリーカードロップで絵に描いたようなフォールを奪う。6分ちょっとで馬場の勝利だった。顔面を血に染めながら手を挙げる馬場。すぐに立ち上がり、何事もなかったかのように馬場をにらむ大木。馬場の攻撃はたった二つだけだった。馬場は勝負には勝ったが、試合内容では完全に大木に圧倒されていた。

この試合を横で見ていた父親が「これは本気でやっとる」というような意味のことを僕に言ったことを覚えている。普通の試合にはない空気を感じたのだろう。無論、馬場の勝ちという決め事の中での試合であったと思うが、両者の醸し出す雰囲気は緊張感に満ちていた。試合後の両者の様子は、猪木対大木戦のようなノーサイドの感動的なものはいっさいなかった。感情的なしこりは払拭されないままであるように見えた。温厚に見える馬場の中の冷たいものを大木戦から感じた。大木は悔しさを見せることもなく、自分は仕事を果たしたというふうに淡々としていた。

この試合を見て僕は、日プロ時代のレスラーの序列とは何だったのかとつくづく思い、何か苦しい感じになった。日本人レスラーの中で一番強いと思っていた馬場とそれ程インパクトのなかった大木が試合をして、実際は大木の方が強く感じている自分。一体、あの日プロ時代の試合の様子や結果は何だったのだろうかと煩悶した。馬場に対しての気持ちがスーッと冷めていくようであった。たぶん、あの頃から僕は馬場ファンから猪木ファンへと変わっていったのだと思う。

大木のその他の試合としては、前述したがキム・ドク（戸口正徳）と組んで馬場&ジャンボ鶴田組と対戦したこともよく覚えている。両チームは何回も試合をしたと思うが、大木は馬場を翻弄し、馬場はいいようにあしらわれていた。また、パートナーのキム・ドクは、元々は日プロの若手であったが、アメリカ遠征で大きく変貌を遂げていた。鶴田に負けない体格をしていて、当時は鶴田よりもどっしりとしたものが感じられた。荒っぽい攻撃で鶴田を圧倒していた。馬場と大木、鶴田とドクの対戦はなかなか摩擦感があっておもしろかった。大木&ドク組がいつも優勢であった。馬場&鶴田組は、ドリー&テリー組から奪取したインターナショナルタッグ選手権を大木&ドク組に何度か奪われたと思う。安易な攻撃をする外国人との試合よりも、厳しい攻めをして観客を引きつける魅力が大木&ドク組にはあった。

大木は、日プロ時代よりも、新日本や全日本での頃の方がはるかにインパクトがあった。

身体が硬く、地味でダイナミックな動きの少ない大木だったが、力道山時代のレスラーの持つ怖さ、奥行きの深さを感じさせるレスラーだった。彼は、韓国では我々の想像を遥かに超えた著名人として尊崇される存在だったことはずっと後で知ることになる。

次にハーリー・レイスについてだ。レイスは、日プロ時代から来日していた。当時はまだ若手で、彼の容貌とはかなりかけ離れた「美獣」というニックネームがついていた。全日本になってからは、ドリー、テリーなどと並ぶ外国人レスラーの常連になっていた。NWAのチャンピオンにもなり、貫禄が備わってきていた。馬場との試合はいつも白熱の試合で、結構観客を沸かせていた記憶がある。テクニシャンで、悪役的な風貌をしてはいるが日本人相手にはあまり反則はしなかった。コーナーポストに登ってダイブしようとするレイスを馬場がとらえて、デッドリードライブでマットにたたきつけるシーンが何度かあったのを覚えている。受け身がうまく、基本的なレスリングを十分に心得ていて相手の技をしっかり受けて相手を光らせるレスラーだった。たぶん、馬場にとって一番相性のいい、信頼できる相手だったのではないだろうか。

ただ、レイスの試合で一番記憶に残っているのは、オープン選手権でのブッチャーとの試合だ（試合ではなく、場外でのもみ合いだったかもしれない）。当時、全盛のブッチャーの攻撃を浴びながら、ブッチャーのボディに左パンチを浴びせたり、確か負傷して使っていた松葉杖で反撃していたように思う。ガチンコやラフにも強いレイスの一面を垣間見た試合だった。

ディック・マードックも心に残るレスラーの一人だ。マードックもレイスと同じで、日プロの頃から来日していた。初来日はたぶん、20歳ちょっとの若さだったと思う。全日本にも初期の頃に参加していた。マードックもレイスに似ていて、プロレスのテクニックをしっかりと持っていた選手だった。ベーシックなレスリング技術の攻防を見るのが楽しかった。山本小鉄はマードックの実力を高く評価していた。ブレーンバスターが得意で、それは相手を頭からマットに落とす必殺技だった。また、テリーに似て、どこか茶目っけがあり、時には尻を半分出したりすることもあり、表情やアクションがおもしろく魅力的なレスラーだった。その反面、馬場との試合でマードックが何かで流血して、それを機にマードックにスイッチが入り、馬場をボコボコにする試合があった。怒ったらかなり怖くて強いレスラーだということを認識した試合で記憶に残っている。

マードックはやがて新日本に移籍する。ブッチャーとは違い、新日本でも十分に対応していたが、猪木との試合などでは案外あっさりと負けていた。前田との試合もその強さは見せたものの両者リングアウトで消化不良だった。彼の実力のわりには、新日本で思ったほど輝かなかったのが残念である。マードックは全日本向きだったような気がする。

ジャック・ブリスコもいた。ブリスコも日プロ時代に来日し、猪木とも好試合をしていた。全日本に来日した時は、NWAのチャンピオンだった。ドリーなどに近い正統派のレスラーだった。アマレスの基本があり、しなやかで躍動感のある動きをする若きチャンピオンといったイメージだった。ただ、やや小柄でアクがなく、個性に乏しかった気がする。キニスキーを最後に、NWAチャンピオンが小粒になった感は否めない。ブリスコは、1974（昭和49）年、馬場とのNWA選手権試合で、ジャンピングネックブリーカーで敗れ、馬場は日本人として初めてNWAチャンピオンになる。馬場や他の日本人レスラーが喜んでいた光景を覚えているが、あまりいい試合とはいえず、それほど印象に残ってはいない。摩擦感、緊張感があまり感じられなかった。当時の馬場の実力の低下と対戦相手として、ブリスコは馬場には合っていなかったことがその理由だろう。

ブリスコの試合として印象に残っているのは、新日本での試合だ。ハンセンとタッグを組んで猪木をスープレックスでフォールした試合については前述した。その直後、ブリスコは猪木とNWF選手権試合を行う。その試合内容そのものはあまり覚えていないが、猪木が難なく勝利した。その試合後、賞金マッチで獲得したドル紙幣を猪木が受け取った後、すぐにリングサイドにばらまいたシーンは強烈に覚えている。ブリスコに勝利したことなんか、どうってことないんだと言わんばかりの猪木の行為に何かちょっと嫌な気持ちになった。猪木は、この程度のレスラーがかつてＮＷＡチャンピオンで、それに勝つことなんかそれほど大した事なんかじゃないと、暗に全日本の馬場がＮＷＡチャンピオンになったことを否定しているような感じがしたのだ。ブリスコは猪木ではなく藤波と試合をすれば光ったのではないだろうか。その後、ブリスコが日本に来ることはなかったと思う。

この頃になると、かつての日プロ時代の怖い怪奇的なイメージの外国人レスラーから、ドリーはじめ、テリー、レイス、ブリスコ、ディック・マードック、ディック・スレーターなど、若くてテクニックがあり、反則をあまりしないレスラーにその中心は移行していった。馬場より少し年下の世代の彼らが元気だった頃の全日本はまだ、見るに値する試合を展開していた。

ブルーザー・ブロディは個性的なレスラーだった。ブロディについては、初来日する前から雑誌で名前は知っていた。アンドレとの試合の写真を見て、かなり大きな選手だというイメージだった。１９７９（昭和54）年に初来日する。この頃のブロディは一番太っていた。上半身下半身とも均整のとれた立派な身体をしていた。ボディビルで筋肉を大きくしたというような身体ではなくて、ふっくらと丸みもあり、本当に見事な身体の持ち主だった。また、長い黒髪とその風貌は品があり、何かキリストを思わせるようだった。チェーンを振り回しながら、顔をゆがめてウォーウォーと雄叫びをあげながら入場するのが彼のやり方だった。初めて見た時は、キング・カーチス・イヤウケアのものまねかなと思った。

一番の得意技はフライングニードロップで、あまり体重をかけずに相手の身体に落とすように配慮していた程、威力があった。その技で馬場がフォールされた試合は覚えている。時にはドロップキックや片足キックを見せた。彼の攻めは単純で大雑把でトコトン相手を攻撃をするという程ではなかった。どこか攻めに優しさがあり、そこがやや物足りない点でもあった。体格の面ではハンセンを上回っていたが、試合の興奮度や人気の面でハンセンに勝てなかったのは攻めに甘さがあったからだろう。あの頃、日本人でブロディとまともに試合ができたのは鶴田だけだった。

全日本時代、ブロディが一番輝いていたのは、世界最強タッグ選手権試合で、ジミー・スヌーカと組んで、ドリー、テリーのファンクスと戦った試合の頃だ。ハンセンの乱入もあったが、アイドル的存在だったファンクスを破り、優勝した。

ただ、ブロディの試合で最も印象に残っている試合は、新日本のところでも述べたが、マッチメイクに不満を持ったブロディがキラー・ブルックスと組んで、長州&谷津組と行った試合だ。体格の小さな長州やロード・ウォリアーズを重用する全日本のやり方に対して、その不満をぶつける。ブロディは、長州の攻撃をほとんど受けず、攻撃をかわしてドロップキックや体重をかけたボディスラム、片足キックで一方的に攻める。普段は見せない徹底した攻撃を見せて、その強さや存在感をアピールした。タジタジになって防戦一方の長州だったが、最後はブルックスをフォールして試合は終わる。ああいう試合をブロディがもう少し見せていれば全日本での評価も変わったのではないだろうか。

１９８４（昭和59）年、ブロディは新日本に移籍する。ブッチャーと違い、最初から猪木とのシングル戦が組まれる。一番最初の試合は、試合前に攻撃された猪木が怒りを露わにして、ブロディの脚を執拗に攻撃する。さらにそのリングシューズを脱がしたりする内容だった。その頃の猪木は全盛期に比べて衰えてはいたが、試合にかける執念といったようなものはまだ健在だった。この試合は猪木の判定勝ちのような内容だった。ブロディも全日本にはいないタイプの猪木の、ここぞという時の強さを感じたのではないだろうか。その後、何回か猪木と試合をしていくが、次第にブロディ優勢の展開になっていった。

しかし、１９８５（昭和60）年、ブロディはＩＷＧＰタッグ選手権決勝戦での試合をボイコットして、新日本から離脱する。決められていた試合の結果に不満をもってのボイコットだったのであろう。それは、全日本での優勝経験があったことと関係があるかもしれない。

やがてブロディは、1987（昭和62）年、全日本に復帰する。一度出たレスラーは使わない主義の馬場が珍しく、復帰を許した珍しいケースである。白髪が目立つようになっていたブロディはやはり少し衰えたように見えた。その頃の鶴田や天龍との試合はよく覚えていない。それから間もなくして、プエルトリコでホセ・ゴンザレスとのトラブルから刺殺されて亡くなってしまう。非常に衝撃的な最期だった。インテリでプライドが高く、それゆえにブッカーとのトラブルも多かったというブロディ。プロレスラーらしくないその風貌と自分を貫く生き方は魅力的だった。ハンセンのようなインパクトはないものの、僕の好きだった外国人レスラーの一人だ。

最後に、新日本プロレスの章に続いてスタン・ハンセンについて述べたい。前述したように、僕はハンセンの全盛期は新日本時代だと思う。「ブレーキの壊れたダンプカー」と呼ばれて、猪木を圧倒していたあの頃のハンセンがまさにハンセンだった。

ハンセンは1981（昭和56）年に全日本に移籍した。その初登場は衝撃的であった。あの時が全日本時代のハンセンで最も記憶に残っている瞬間だった。驚きの大歓声の中、カウボーイハットをかぶり、白いシャツとジーンズのハンセンがブロディ&スヌーカ組と一緒に入場する。つい数日前まで新日本に出ていたハンセンが全日本に登場するのはとても新鮮であった。世界最強タッグ選手権の決勝戦でのことだ。対戦するのはファンクス。試合の終盤でリングの外に落ちたテリーにハンセンが渾身のウエスタンラリアットを見舞う。テリーは悶絶して倒れ、ファンクスは敗れる。喜ぶブロディ、スヌーカ、ハンセン。

そこへ馬場と鶴田が飛び込んでくる。久しぶりに見る馬場の気合いの入った脳天チョップがハンセンに炸裂する。それに対して、ハンセンが必死の表情で応戦する光景は圧巻であった。両者とも躍動していた。あんな馬場はいつぶりだろうか。あの時、馬場は猪木と戦っていたのか。ハンセンの額からは血が流れ出していた。鶴田も負けじと、かつてアメリカで修行した仲間だったハンセンに立ち向かう。つい数日前まで、新日本の外国人エースだったハンセンが今日からは全日本に電撃移籍したことを広くアピールするための演出が派手に行われた。

僕はこの時、リング上での立ち回りを少し興奮して見ていたが、ハンセンは新日本にいたままの方がよかったのにと内心思っていた。ハンセンは全日本に大いに歓迎された。しかし、最初の頃の試合は、何人かの中堅相手に圧倒的な強さで勝利を収める内容でおもしろくなかった。イージーに感じた。

移籍した次の年、初めて馬場とシングル戦を行った試合は年間最優秀試合賞を獲得する。

この試合は、かつての馬場らしさをちょっぴり見せてくれた最後の試合だった。僕にとっては馬場のシングルの試合で記憶している最後の試合と言える。馬場はいつになく、張り切っていた。動きがシャープでハンセンの腕を取ったりして、普段の試合にない新しい動きをしていた。猪木を意識しながら、ハンセンと戦っていた。ハンセンは決め技のラリアットをいつもより遠慮しながら馬場に見舞っていたように見えた。結果はお決まりの両者リングアウトだったが、観客は十分に満足していた。馬場はドリーやレイスなどよりも殴る蹴る主体のラフ攻撃を主体とする体格のいいレスラーと手が合う。日プロ時代の馬場であったなら、この当時のハンセンと互角の試合を展開しただろう。僕はこの試合に満足はしなかったが、43歳になった馬場の久々に本気を出したファイトを見て、元馬場ファンとして、少し嬉しい気持ちになった。

ハンセンは長い間、全日本を主戦場として参加し続けたが、新日本時代以上のインパクトを残すことはできなかった。少しずつ、体重が減り、パワーを失い、試合が雑になっていった。全日本移籍以後のハンセンの試合で印象に残っている試合が二つある。

一つ目は天龍&阿修羅・原組とのタッグマッチ、二つ目はビッグバン・ベイダー戦だ。前者については、後で述べたい。

後者の試合は1990（平成2）年、新日本の興行で、東京ドームでの試合だった。ハンセンは、当時ＩＷＧＰチャンピオンだったビッグバン・ベイダーに挑戦した。新日本と全日本の交流戦の一つとして行われた。当時、新日本の外国人エースのベイダーと、かつて新日本の外国人エースであり、現在は全日本の外国人エースとして長年活躍しているハンセンとの試合は、かつてのハンセン対アンドレ戦以上の迫力とおもしろさだった。ハンセンはかつての新日本にいた頃の若い自分と戦っているような感じだったのではないか。やや衰えが見え始めたハンセンは、ハンセンよりは一回り大きい全盛期のベイダーの攻撃に防戦一方になる。パワーではベイダーに圧倒されていた。それに対して、顔面にパンチを入れるなどのラフ攻撃で反撃する。負傷したベイダーは、本気でハンセンと対するには邪魔だとばかりに覆面を自らはぎ取る。素顔をさらしたベイダーの片目は大きく腫れて、お岩さんのようになっている。長州が前田のキックで目の下を腫らしたように。本気モードで反撃するベイダーに身体をのけぞらせながらも、ハンセンも意地をみせる。最後は両者リングアウトだったが、プロレスの試合ここにありというような、アンドレ戦以上の迫力と怖さを堪能できた試合だった。衰えたとはいえ、ハンセンらしさを存分に見せた試合だった。

ハンセンは馬場や鶴田が亡くなった後、しばらくしてから引退する。レスラーとして一番輝いていたのは猪木と戦った新日本時代ではあったが、全日本において、天龍や三沢など日本人レスラーの大きな壁となって立ちふさがり、彼らのレスラーとしての成長を助けた点で大きな功績を残した。また、新日本と全日本の両団体で、外国人エースとして多くの試合をして、プロレスファンの期待に応えたレスラーは彼以外にいないのではないか。シン、ブッチャー、ブロディ、マードックなど二つの団体で活動したレスラーは多数いるが、その中で最も長きにわたって活躍したのはハンセンだけだと思う。そういう点で心に残る外国人レスラーの上位に入るレスラーである。

続いて、馬場以外の日本人レスラーについて述べたい。特にジャンボ鶴田と天龍源一郎についてである。鶴田が亡くなって早くも20年近くになる。時の経つのは早いものだと思わざるを得ない。鶴田は、力道山、馬場、猪木の三人以外の日本人レスラーの中で、ある時期、藤波や長州力、前田以上に存在感のあるレスラーであった。鶴田と名前を聞けば、多くの日本人が知っている時期があった。

ジャンボ鶴田こと鶴田友美が全日本に入団したのは、1972（昭和47）年の全日本がスタートした年だ。僕は中学二年生だったが、馬場と並んで入団の記者会見をしていた、まだ坊主頭の鶴田の写真をよく覚えている。「全日本プロレスに就職します」という入団の際の言葉は、鶴田がこれまでの他のレスラーの感覚や考え方と違うことを示しており、それはその後の鶴田のプロレスへの対し方を見ていった時にうなずける。私立大学では難関の中央大学の法学部出身であった。元バスケットボール選手だったが、アマレスに転向し、ミュンヘンオリンピックに出場した後に全日本に入団した。長州力こと吉田光雄の入団より早い。196センチの長身で元オリンピック選手という鶴田は全日本、あるいは馬場にとって期待の新人であったことは言うまでもない。

すぐにアメリカ修行に旅立ち、アマリロのドリーの下でトレーニングをする。鶴田のプロレスの基本はドリーによって作られたといっていい。鶴田のリングでのパフォーマンスもドリーを模倣しているものが多くあった。

鶴田の日本でのデビュー戦は、1973（昭和48）年のムース・モロウスキー戦だ。モロウスキーは結構、体格のいい選手だったことを覚えているが、この試合はあまり印象にない。ただ、長州の帰国第一戦よりはずっと明るいイメージとして残っている。

印象に残っている試合は、その数日後に行われた、馬場と組んで、ファンクスと戦ったインターナショナルタッグ選手権だ。この試合は、それ以後の鶴田の試合の中でもベスト5に入るくらい記憶に残っている。鶴田が世の中に出た大事な試合だった。自分の師匠として、鶴田自身を熟知しているドリーとテリーとの試合は、うまくかみ合っていた。というよりも、二人は鶴田をアピールするためのプロレスを駆使して試合をしていた。まだ、若くてやせていた鶴田の運動神経のよさ、躍動感は馬場は勿論、猪木などの他のレスラーにはないものだった。大きな身体で楽々と身軽に動いているという印象だった。テリーからジャーマンスープレックスでフォールを奪ったシーンは新鮮であった。馬場は後継者としての鶴田の力量をこの試合で確信し、満足げな顔をしていた。この試合で、鶴田は日本プロレス界の新しいスターとなった。僕も最初の頃は、鶴田の活躍に大きな期待を寄せていた。

しかし、後に「プロレス界最強は鶴田」と言われるようになる鶴田だが、僕にとって鶴田の試合で印象に残っている試合は数少ないのだ。それをいくつかあげよう。

前述したがオープン選手権でのラッシャー木村戦はよく覚えている。当時、国プロのエースで全盛期にあった木村に全日本の若手のホープが挑む試合だったが、両者一歩も引かない展開だった。木村と馬場の試合よりもかみ合っていた。また、馬場とタッグを組んで、大木&キム・ドク組と戦ったオープンタッグ選手権での試合もよかった。まだ、あの頃の鶴田は必死さというものがあった。

そして、1977（昭和52）年のミル・マスカラスとの試合は年間優秀試合賞を獲得する。鶴田は軽量なマスカラス相手によく言えば余裕のある、悪く言えば緊張感のない試合を展開した。長々と跳んだりはねたり技の応酬を繰り広げる試合は冗長で間延びしていて、プロレスの魅力である怖さといったものがなく、退屈な試合だった。なぜ、ああいう試合が評価されるのかが僕にはわからなかった。

あの頃から、鶴田の試合には緊張感がなくなり、何となくこなしながらやっているという感じになっていく。試合中も笑みを浮かべたりして集中していないような様子が窺えた。鶴田はプロレスに懸ける情熱といったものが希薄であったように思う。恵まれた体格と運動能力、あっさりと馬場の後継者的な存在になった経歴などから、何が何でもこのプロレスというジャンルの中で生きて、トップに立ち、会社を引っ張っていこうとする意欲や情念というものが薄かったのではないか。鶴田にはオリジナル技がほとんどない。坂口もやっていたジャンピングニーパットくらいか。あとは誰かの技のものまねだ。やられた時に身体を痙攣させるしぐさなどは完全にドリーのまねだ。自分独自の技を開発するほど、プロレスに傾倒していなかった節がある。いずれ年をとれば、プロレスから足を洗い、新しい道に進もうということを若い頃から考えていたのではないだろうか。実際、そうなっていくのだが。

僕が大学生の頃、鶴田の試合があまりに不甲斐ないので、『ゴング』か『ファイト』に鶴田の試合について批判する文章を投稿をしたことがある。実際の僕の文章とはかなり変えて、角を取った内容で掲載されていたが。馬場の衰えが目立ち始めた頃に、馬場に代わって全日本を牽引していこうとする意志が鶴田には欠けているように見えた。馬場という大きな存在によって鶴田がそうなってしまった部分というのもあるとは思うが。鶴田の試合に象徴されるように、全日本の試合は全体的に緩慢で緊張感のないものになっていった。

また、馬場や鶴田を中心とする全日本の状況に対して、マスコミがほとんど批判する記事を載せなかった。むしろ、賞賛する雰囲気さえあった。プロレス団体とマスコミとのもたれ合いがプロレス、特に全日本の試合内容を劣化させ、新日本に差を広げられていく原因になった。マスコミが鶴田についての批判をし始めたのは、ずっと後になってのことだ。天龍が頭角を現し、鶴田を批判するようになって、マスコミは今までの評価をころっと変える。鶴田のプロレスについて、それよりもはるか前から僕が思っていたようなことをやっと書き始めた。

さらに、プロレス中継を担当する日本テレビのアナウンサー及び解説者の的を射ない、軽く適切でない実況中継のレベルの低さがさらに全日本の劣化に拍車をかけた。

新日本のテレビ朝日のアナウンサーは、当初は舟橋聖一氏であった。彼のアナウンスは、かつての清水一郎氏に比肩しうるレベルだった。その薫陶を受けた古舘伊知郎氏の表現は時に鼻につくこともあったが、語彙は豊富で比喩も新しく、大げさなのには変わりなかったがプロレスについてよく勉強し、彼の実況は情熱に溢れていた。彼が発明した造語「青春のエスペランサ」とか「黒髪のロベスピエール」「わがままな膝小僧」などは、前田や高田の姿や技を的確に捉えて光り輝く言葉となって、見ている側の心に深く届いていた。彼の本気度を我々が感じたからこそ、新日本プロレス中継も人気を得て、古舘氏自身も有名になっていった。日本プロレスの章で前述した桜井康雄氏の解説もプロレスを熟知したもので、元レスラーが表現できない細かい点を指摘し、説得力があった。アナウンサーと解説者の連携がうまくいき、プロレスを飾っていた。

一方、日本テレビのアナウンサーは「世界のジャイアント馬場」だとか、ありふれた言葉でリングで行われている試合とは直接関係のないことをクドクドと述べて、僕をウンザリさせていた。彼らはリング上で繰り広げられていることに実際は興味がないように感じられた。

さて、目覚めない鶴田は、スタン・ハンセンがやってきても、それほど変わらなかった。ハンセンに対しては、かつてアメリカで食えない時代を一緒に過ごした仲間に過ぎないと思っていたのかもしれない。外敵長州がやってきても、自分のスタイルを変えることはなかった。どこか、ジャパンプロレスのレスラーを上から見ていたようでもあった。長州とのシングル初対決もかみ合わず、いたずらに時間は過ぎていった。自分をかっこつけずにさらけ出す姿を見せようとはしなかった。相手に対して余裕があることが、一番の強さの証明であるとでも思っていたのかもしれない。長州は、打っても響かない鶴田との試合に無力感を感じていただろう。やがて、疾風怒濤、長州は風のように、全日本を去っていった。その時も鶴田は変わりはしなかった。

変わったのは仲間の天龍だった。長州の激烈な風を受けて、大きな影響を受けた天龍は、恋人が去ったような気持ちだったろう。また、せっかく、緊張感溢れる試合をするようになった全日本マットが元に戻ってはいけないと強い危機感を抱いたに違いない。天龍は、阿修羅・原とともに、今までの全日本の仲間から離れて、「天龍革命」を起こしていく。自分が鶴田たちと対峙することによって、長州の代わりとなろうとしたのだ。天龍のプロレスラーとしての精神は、いつの間にか鶴田を超えていた。どうしたら、全日本は盛り上がり、観客に支持されるプロレスができるのかを深く考えた末の行動だったのであろう。デビュー以来、鶴田の後塵を拝していた天龍は、長い月日をかけて自分のプロレスに磨きをかけて、ついに鶴田を抜いたのだ。

ここで天龍について述べたい。天龍源一郎は、大相撲の関取であったが、相撲部屋の後継問題を機に廃業し、1976（昭和51）年、26歳の時に全日本に入団する。馬場と並んだ写真を見た時、かわいげな顔をした青年だなと思った。鶴田よりは年上だったが、入門は四年遅かった。天龍も鶴田と同様にドリーの下でプロレスのイロハを教えられる。日本に帰国した時の試合はタッグマッチだったと思うがはっきりと覚えていない。リング上でまげを切る儀式をしたことは覚えている。相撲の突っ張りをしたり、ドリー的な技を繰り出したりしたが、何か無骨でスマートさがなく、センスがないなと思った。最初の頃は鶴田と比べると格段の違いがあった。何か無理してスマートな技を仕掛けて、それが似合わず失笑を買うような場面もあった。大相撲から転向して、どういうスタイルが自分に合っているのかを模索していた時期で、なかなかそれを見つけることができずに悩んでいた時期が、結構長く続いた。新日本で言えば、鶴田は藤波で、天龍は長州だった。何回もアメリカに行ったり日本に戻ったりを繰り返していたらしい。だから、初期の頃の天龍の試合で印象に残っているものはほとんどない。

その長いトンネルの時代から天龍が脱するきっかけとなったのは、天龍が言うところによると、1981（昭和56）年、ビル・ロビンソンとタッグを組んで馬場&鶴田組と行った試合だそうだ。僕はこの試合を見たかもしれないが、はっきりと覚えていない。この試合後、ロビンソンのアドバイスなどもあって、天龍は自分らしくプロレスをすることが観客にアピールする一番のやり方であるということを感覚的につかんだのだろう。天龍の頭の中にいつもあった鶴田の影を払拭するきっかけとなり、天龍のスタイルが確立されていく。

そして、それを強固にしたのが、長州の全日本参戦だった。猪突猛進、荒ぶる心をそのままに出し、スマートさなどとは無縁の長州のプロレススタイルによって、全日本に活気が蘇った。その動きに一番に呼応したのが天龍だった。天龍のモヤモヤした心を解き放ち、感情を思いっきり外に発散させることを促したのが長州だった。上目線で見る鶴田は踊らなかったが、天龍は長州と火花を散らし、心の中では同士として通じ合い、本当の天龍に変貌していった。

さらに長州が去った後に最も天龍らしい魂のこもった試合を見せるようになった。特に印象に残っているのは、阿修羅・原と組んで元横綱の輪島と行った試合だ。長州は輪島の入団と相前後して去ったのだが、好敵手を失った天龍は、キャリアの少ない輪島に対して、手荒な攻撃を繰り返した。顔をゆがめて、悲鳴をあげながら天龍の攻撃に耐える輪島。反撃をしてもすぐに逆転され、いいようにもてあそばれる。安易な輪島のプロレススタートを見て、同じ元力士として愛情をもって輪島を鍛えているといったふうだった。その試合を見て、前田はそれ以上の激しいプロレスをしなければいけないと刺激を受けたと言っている。

この頃から鶴田が少し変わった。長州が抜けたことで危機感を募らせる天龍の姿勢に我関せずを通していた鶴田がやっと目覚めた感じだった。鶴田と天龍の試合は何度か行われた。詳しく脳裏に焼き付いている程ではないが、これまでの全日本の試合とは違い、技に重みができて、痛みが伝わる試合だった。全体的にはやや鶴田が上回っていたが、天龍に対して厳しい攻撃をする鶴田の姿はこれまでとは別人のようで、鶴田に手痛い攻撃をされながら、心の中で天龍はしてやったりと思っていたのではないだろうか。

天龍はこの頃から、マスコミを通じて、鶴田批判を繰り広げていた。鶴田に対しての歯がゆい思いを天龍が代弁したことによって、マスコミ自身がようやく鶴田の試合について批判するようになっていく。

この頃の天龍の試合で印象に残っているもう一つは、原と組んで、ハンセン、テリー・ゴディ組と戦った試合だ。天龍と原が同時にハンセンに延髄斬りを見舞い、ハンセンは倒れ失神する。数分間、ハンセンは意識を失う。本当なら、これでハンセンのノックアウト負けである。慌てたゴディが何とかハンセンを覚醒させる。目覚めたハンセンは、大恥をかかされたとばかりに、猛然と天龍に襲いかかり、カウベルなどを使って、メッタ打ちにする。その必死の形相、なりふり構わない手厳しい攻めは尋常ではなく、怒ったハンセンの攻撃に天龍たちは手がつけられずに防戦一方になる。この展開は本当におもしろい。結果が決められているプロレスの試合でも、こうしたアクシデントが起こり、マジな攻防が見られることもある。ああいう場面がかつてのプロレスの魅力の一つだった。

その天龍はやがて全日本を去っていく。ＳＷＳへ移籍する。天龍だけでなく、多くのレスラーが馬場の下を去っていく。あの時はやはりとても寂しい気がした。新日本は猪木の事業などで常にゴタゴタして、レスラーたちの出入りが激しかったが、馬場の全日本はそれに比べて、それまでは落ち着いていた。その全日本を何とかしようと奮闘していた、当時の事実上のエースである天龍がＳＷＳに移籍したことは衝撃であった。

当時、あるプロレス雑誌がＳＷＳについて、私的な見解で批判していた。その雑誌は一時、独特な記事の表現で売り上げ数を伸ばしていた。興味深い記事も多かったが、プロレスの試合そのものの記述は少なく、主観的な感想文のような内容は公正な見方が欠けているように思える時もあった。自分は天龍の移籍は残念に思ったが、ＳＷＳという新しい団体ができたことに関してはむしろ、いいことではないかと思っていた。根拠のないＳＷＳ批判は、公正・公平でないプロレス団体とマスコミの関係を強く感じた出来事だった。

天龍はなぜ移籍したのか。もちろん、お金も無関係ではないが、それまでの天龍の生き方やそれ以後の天龍の生き方を見た時に、自分自身のためでなく、プロレス界にとって、それがベストな選択だと判断したのだろう。長州という外部の風によって、緩い空気から脱した全日本。その後、天龍自らがここまで引っ張り、「眠れる獅子」の鶴田をやっと目覚めさせた。自分もここらでさらに成長し飛躍していこう、第三勢力を作ることで日本のプロレス界をもっとよくしていこうという思いがあったのだと思う。天龍が語る言葉には光があった。猪木や前田と同様に、人の心に響く独特の言葉を彼は持っていた。僕は、雑誌等でそれを読みながら、なかなかおもしろいことを言う、信頼のできる奴だなあと思っていた。

さて、天龍は全日本を去った。天龍の去った後に、やっと鶴田は自分が何をすべきかを悟ったと思う。それは、天龍がいた時以上の激しい試合をしていくこと、特に三沢光晴や川田利明などの若手の高い壁となっていくことで、全日本を引っ張っていこうとした。この時になって初めて、鶴田は全日本のエースになったのではないか。全日本が、新日本に負けない激しい戦いを一丸となってやるようになったのは、この頃からだ。

ただ、僕はこの頃の全日本の試合をテレビではほとんど見ていない。テレビ中継自体がかつての時間帯で放映されていなかったことも理由にある。雑誌を見て状況を知るくらいだった。それは前田が新日本を追放された後、僕の興味関心がＵＷＦ系の団体に向いていたこととも関係する。

１９９９（平成11）年１月のある日、仕事から帰った僕は、ＮＨＫの夜７時のニュースで、沈痛な顔をした鶴田や三沢たちを見る。なぜプロレスラーがニュースに出ているのかと最初は驚いた。しかし、すぐに「もしかしたら」と頭にパンと、あることが思い浮かんだ。それは当たっていた。ジャイアント馬場が亡くなったニュースだった。享年61歳、直腸ガンが原因だった。その病状を鶴田たちは詳しく知らされていなかったらしい。それだからこそ、彼らは一様に茫然とした顔をしていた。馬場ファンだった僕だが、悲しみの気持ちはその時はすぐには湧いてこなかった。しかし、何か嫌な、重々しい気持ちになっていた。前年の12月23日に僕の母親が亡くなった。人は誰も死ぬものなのだという思いを馬場の死でさらに強くした。

小学校の頃から見始めたプロレスで最初にファンになったジャイアント馬場。レスラーとしての馬場は全日本プロレス創立以降、次第に僕を魅了するレスラーではなくなっていった。プロレス界のために早く引退すべきだと常々思っていた。しかし、あれから20年以上経った今、その死後のプロレス界の歩みを思う時、ジャイアント馬場という存在は、アントニオ猪木に唯一比肩しうるものだったと再認識するのである。2メートルを超える身長の大男が持つ独特の存在感。絵を描くことが趣味。抜群の声量で歌う、心に沁みる歌。慎重で、信頼関係を大切にし、派手なことを好まない性格。一つ一つ言葉を選びながら独特のこもった声で飾らずに話す。プロレス界を代表する巨星の死は、長く新日本と全日本が競争しつつ、共存していたプロレス界の構造を大きく変えていくことになる。

馬場の死を知った時に、猪木はどう思ったのだろうか。それを僕はとても知りたかった。YTで猪木が馬場の死について語る映像を見はしたが、猪木独特の死生観があるのだろう、感傷的なことは一切言わなかったと記憶している。しかし、1960（昭和35）年の同じ年に日プロに入門し、同じ釜の飯を食い、ある時期までは馬場の姿を追い、お互いに会社を設立した以降はレスラーとしてだけでなく、経営者として競い合った馬場の存在は、猪木にとって他のレスラーとは全く異なるものだったことは確かだろう。プロレス界はその象徴的存在だった馬場を突然、失ってしまった。

一方、僕の母と同じで肝臓の病気を発症していた鶴田は、馬場の死後まもなく引退し、学者の道を志す。鶴田が以前から描いていたプロレスラー引退後のシナリオ通りの進路だった。しかし、翌年2000（平成12）年にフィリピンで手術の失敗によって突如亡くなってしまう。彼の死は馬場の死よりも衝撃的であった。猛烈な寂しさが僕を襲った。

全日本プロレスを支えてきた二人が亡くなり、三沢を中心として全日本は始動する。しかし、元子馬場夫人との対立から、三沢たち多くのレスラーが全日本を脱退し、ノアを設立する。馬場が存命の時に、全日本で辣腕を振るっていた元子夫人は、馬場がいてこその自分であったと深く思ったに違いない。三沢たちがいなくなった時の元子夫人の寂しさと無念さ、亡き夫馬場に対する申し訳なさの気持ちを思うと苦しくなる。

全日本は元子夫人と数名のレスラーで継続し、メンバーが入れ替わり、社長も何人か入れ替わり、現在も存続している。ただ、僕にとっての全日本は、三沢たちがいた時までのものだ。馬場の築いた全日本は馬場の死によって事実上消滅した。今の全日本は別物で全く関心がない。

人生というのは、つくづく分からないものだと思う。馬場は生涯レスラーを続け、61歳で亡くなり、鶴田は後を追うようにして亡くなる。全日本時代の馬場の試合や鶴田の試合などに対して、僕は批判的であった。濃度の濃い、軋みのあるプロレスを展開する新日本に比べて、イージーで生ぬるい雰囲気の全日本に対して失望や怒りを感じていた。それは僕がプロレスが好きだったからだ。プロレスを好きな者が誇れるもう少しレベルの高いものを見せてくれという願いが強かったからだ。心の底では馬場や鶴田を応援していた。もっとがんばれ、猪木や藤波、長州の新日本プロレスに負けるなと。そして、それはもう20年以上も前のことである事実を思うと何か身体の力が抜けていく。時が冷酷に過ぎる現実に唖然とする。僕らの心の中にある全日本は、馬場、鶴田、天龍、そして若くして亡くなった三沢たちの全日本だ。時は過ぎても、馬場や鶴田の元気だった頃の姿は、今もしっかりと僕の心の中にある。

第5章　UWF系

1988（昭和63）年5月、新日本を解雇された前田日明は、高田伸彦（延彦）、山崎一夫、安生洋二、中野龍雄、宮戸成夫たちと新生UWFを創設する。数名のレスラーで立ち上げた団体であったが、新日本での2年間の活動で大きなインパクトを残したこと、前田に対して同情的な立場にあった人たちが、新日本ファンからUWFファンに変わり支持したことで人気を博していく。マスコミの影響や、クローズドサーキット等の新しい手法を取り入れて、一時大ブームになるほどの活況を呈する。多くの著名人が会場を訪れ、世間の注目を浴びる一つのトレンドとなっていった。前田ファンとなっていた僕も当然、新生UWFの試合、成り行きを注視していた。人気が出て、入門する若手も増え、やがて船木や鈴木、藤原も新日本から移籍してくる。

新生UWFは、日本人同士の試合をメインとしていた。外国人選手は、ノーマン・スマイリーやバート・ベイル、キックボクサーや柔道家などがいたが、これといった選手はいなかった。後のリングスやパンクラスなどに参加した外国人選手と比較した時に、層はとても薄かった。日本人のエースは当然、前田であった。ただ、この時期の前田の試合で強烈に印象に残っている試合はあまりないのだ。新日本プロレスの章で記述したように前田が最も輝いていたのは、27歳の頃、アンドレやニールセンとの戦った頃だ。柳澤健氏風に言えば、「1986年の前田日明」がピークであった。新生UWFの頃になると前田の体重は増えて、腹に余分な肉がつき始めて、かつてのスマートさは消えていた。重厚さは増したが、動きにシャープさがなくなっていた。また、一レスラーとしてだけでなく、団体の経営に関しても気を配らなければならない立場となり、ベストコンディションを保つことが困難になっていったのかもしれない。

前田と試合をした外国人選手として記憶しているのは、ジェラルド・ゴルドー、クリス・ドールマン、ウィリー・ウィルヘルムなどだ。ゴルドーは、後に何回も来日し、リングスでは佐竹雅昭や長井満也、UFCジャパンでは中井祐樹、新日本では猪木とも試合をした選手だ。有明コロシアムで行われた前田との試合前に記者会見を行ったが、その写真を見た時に残忍そうな風貌をしているなと思った。その時、珍しく前田はメガネをかけていたが、いつも強気の彼が何か緊張した表情をしていたのを覚えている。ニールセンより遙かに強そうで実力もあったと思う。しかし、試合そのものは大味な内容で、それほどスリリングではなかった。

ドールマンは、その後、リングスで前田と長く付き合っていく盟友となる。サンボの実力者であったが、当時すでに年齢も高く、ゴツゴツした感じで、巨漢の二人が身体をぶつけ合っているという印象で躍動感というものがなかった。ウィルヘルムは柔道出身で前田以上の巨漢であったが、アマチュアの域を出ておらず、勝負に淡泊な感じがした。

この時代の前田の試合で印象に残っているのは日本人選手とのものだ。前田の弟分的な存在だったのが高田伸彦（延彦）だった。後に入った藤原を除けば、彼がＵＷＦの№２であった。この頃の前田と高田は本当の兄弟のように仲がよかったという印象だ。高田は前田より身体は小さいが、顔もかっこよく、スターになる素質を備えていた。前田よりも運動能力が高く、佐山には劣るが派手なプロレスもできた。強さだけでなく、相手に順応する柔軟さを兼ね備えていた。そういう点では前田よりもずっとプロレスラー向きであった。新日本にいた時はＩＷＧＰジュニアのチャンピオンにもなり、越中詩郎や馳浩などともいい試合をしていた。後に高田はプライドにおいてその中心的存在になるが、新日本に残っていれば、武藤敬司と並んでエース的な存在になれる素質を十分に持っていた。前田と違い、周囲と軋轢を生むことは少なく、敵をつくらないタイプだった。

その高田は、新日本を出た前田についていった。高田の言によれば、前田がいなくなった後、新日本の選手と一緒になった控え室での昔と変わらない風景（上下関係）に失望して、新しい場所に活路を見いだそうとしたという。前田は高田が一緒に新生UWFに参加してくれたことを他の誰が参加するよりも喜んだと思う。しかし、だからこそ、前田と高田の試合はあまり、おもしろくなかった。本気でやっているると見せかけているような雰囲気が随所に見られて、仲のいい者同士の戦いに、本来持っている前田、あるいは高田の激しさを見ることができなかった。前田は時々高田に敗れていた。観客はその試合に対して沸いていたように見えたが、僕はおもしろいと思わなかった。

本当の強さを求めて藤原や前田を慕っていた高田だが、華やかな舞台が似合う彼は、格闘技志向とプロレス志向の二つの面を持っていたのではないだろうか。新生UWFの頃の高田は一番太っていた。新日本時代やその後のUWFインターナショナルの頃の身体のシャープさや精悍さが無く、何かずんぐりした感じで、魅力がやや薄れていた。ワンパターンの日本人対決にやや飽きていたように見受けられたし、UWFに移ってきたものの、どこか閉塞感を感じていたように感じた。高田については、後に詳述したい。

前田の対戦相手で一番おもしろい試合を見せてくれたのは、船木誠勝（優治）だ。船木と鈴木みのるは途中からUに入団した。船木や鈴木は、前田よりも10歳も若く、自分たちなりにUを変えようとしていた。前田、高田、山崎の上位三人の序列を実力で崩すことがUをさらに発展させることにつながると考えていたのだろう。どういう試合をすればよいのかを試行錯誤していた。特に船木はリング上でその実験を試みていた。高田との試合ではやや押し気味で、高田をノックアウト寸前にまで追い込んだりもした。

１９９０（平成２）年、船木は前田と初めて対戦する。二回試合を行い、二回とも前田の勝利に終わる。新生ＵＷＦ時代の前田のベストバウトはこの船木戦だと僕は思う。その試合は久々におもしろい前田の試合だった。船木は掌底などすばやい攻撃で前田を窮地に追い込んだ。後のパンクラス時代の攻撃に比べれば、まだまだ甘さのあるものだが、その動きはとても新しく見えた。その攻撃に対して前田はフラフラになりながらも、ここ一番の踏ん張りを見せて、最後は首絞めで逆転して勝利を収めた。地力の面ではまだまだ、前田と船木には差があると思わせた試合だった。

ただ、その映像を見た時に、前田が今まで一番いい姿形をしていたと思っていたが、船木と同じ画面に映った時に、船木の方がかっこいいなと思ったのだ。ある時期、猪木と前田を比較した時に前田の方がかっこいいなと思ったように。この時の船木に、後のパンクラス時代ほどの身体や動きのシャープはまだなかったが、見た目のかっこよさは前田や高田を上回っていたように思う。見た目のかっこよさが、実力を表していると前述したが、前田のスタイルは１９８６（昭和61）年の頃に比べるとかなりダウンしていた。

前田は、自分や高田の後を継ぐのは船木だと考えていたと思う。安生や中野、宮戸、鈴木などの若手の中で船木の存在は際立っていて、スター性があった。その船木を前田は大切な存在と考えて、他の若手と違う対応をしていた。それはその後、船木が藤原組やパンクラスへと違う道を歩んでいき、対立した関係にあった時もどこか心の中に船木の存在はあり、船木もまた前田に対して尊敬の念を持っていたと思われる。

もう一人の日本人は田村潔司だ。1989（平成元）年、船木がけがをしたことで、代打として、この年にデビューしたばかりの新人の田村が前田と対戦する。この試合は、後にUインターやリングス、プライドなどで活躍する田村の片鱗を見せてくれた試合だった。新人の田村に対して、前田が本気モードで膝蹴りを顔面に何発も入れてKOし、眼窩底骨折で田村は入院し、一年ちょっとの間、現場から離れることを余儀なくされる。この試合はリアルタイムで見たし、YTでも見たことがあるが、かなりえぐい試合だ。圧倒的に体格差があり、キャリアがある前田が田村を崩しにいっているような内容で後味のいい試合ではない。前田の強さが際立つとともに、あそこまで新人相手にやらなくてもいいのにと思ってしまうような試合だ。

ただ、なぜ、前田があんな攻撃を仕掛けたのか、それには理由がある。それは田村が試合のしょっぱなから掌底を繰り出して、前田を慌てさせるほどの激しい攻撃を見せたからである。前田はかなり危機感を覚えて、新人相手の戦い方ではない方へスイッチを入れ換えたのだ。田村が、当時、Ｕのエースであった前田に対して、少し遠慮したような戦い方をしていたら、前田はもっとやんわりと攻めていただろう。別の言い方をすれば、前田を本気にさせるほどの圧力と精神力をもって、新人らしからぬ姿勢で向かっていったゆえの事故だったのだ。そういう意味で田村は、肝が据わっている選手だった。それは、その後のＵインターやリングス、プライド等での試合で証明されていく。この試合は、新人田村の将来性と怒った時の前田の怖さを示したものだった。前田と田村はやがてリングスで一緒になるが、両者にはどこかしっくりいかない面があった。その原因としてこの試合も少し関係があるのかもしれない。

新生ＵＷＦが一番活況を呈していた時に行われたイベントが、１９８９（平成元）年、東京ドームで行われた、「Ｕコスモス」であった。前田対ウィリー・ウィルヘルム戦がメインイベントだったが、あまりおもしろくなかった。高田の試合も山崎の試合も、藤原の試合もそれほどおもしろくなかった。

何回も何回もビデオで見たのは、鈴木みのるとモーリス・スミスの試合だ。この試合は、格闘技というものは技術は確かに必要だが、一番は心の持ちようだということを教えてくれたものだった。もう少し言えば、精神的に優位に立った方が勝ち、ビビッた方が負けということだ。キャリアの少ない若手の鈴木をスミスと対戦させたことはマッチメイクの点で疑問な点ではあるが、とにかく、見ていて興味深い試合だった。スミスはアメリカのマーシャルアーツの選手でかなりの強豪とされていた。モンスターマンやニールセンなどアメリカのキックボクシングの選手は、後にK－1に参加したオランダなどの選手と比べて、その実力への信頼性が薄いという印象だが、スミスはいい選手だった。パンチやキックはそれ程強烈なものはなかったが、バランスが取れていて、グラウンドでの対応もできた。一方、鈴木はアマレス出身で新日本からUWFに船木とともに移籍した。鈴木はリーダーの前田に対してもはっきりと意見を言ったりするような面があり、自己主張の強い選手だった。ただ、レスラーとしての実力はまだまだで、当時は船木にくっついてきたもう一人という印象だった。

鈴木は、スミスの本格的な打撃を受け、グラウンドでもうまく対応され、劣勢となり、最後は軽いパンチを食らって倒れ、まだ戦闘はできる余力を残しながら、精神的に追い込まれて10カウントを泣きながら聞いた。スミスの圧勝で、勝利後もスミスは平然としていた。負けた鈴木は自分のあまりの不甲斐なさに、しばらくは悩んだろうと思われる。彼自身も何かのインタビューで言っていたと思うが、自分の精神的な弱さを痛感し、それがその後の鈴木のレスラー人生の大きな糧となっていった。

鈴木は現在もプロレスラーとして健在で一線で活躍している。一時、格闘技を志したキャリアが鈴木の現在のプロレスに大いに活かされている。きちんとしたプロのレスリングの技術を根底にもって、かつパフォーマンスもうまいレスラーではないかと思う。怖さがある一方、味のある、魅せるプロレスができる数少ない選手の一人だ。鈴木のプロレスは魅力的だ。パンクラス時代の経験や挫折を経て、プロレスに回帰し、成功を収めた。今振り返り、彼らの足跡を総合的に見てみるとプロレスラーとしては船木を上回っている。鈴木はパンクラスをやめて、船木と離れることで自分の本当の居場所を発見し、その真価を発揮していった。彼に続くようなレスラーが、今後出てきてほしいと思う。

もう一つ、おもしろかった試合は、安生とチャンプア・ゲッソンリットとの試合だ。この試合はキックボクシングルールだった。ムエタイの強豪のチャンプアにレスラーの安生が挑んだこの試合は、すべての試合の中で一番リアルに感じた。遊びがなく、レベルの高い試合に見えた。安生は、今ではUインターで一番強かったのは安生だというような意見もある実力派レスラーだが、当時は若手に過ぎなかった。UWFを特集した番組で、道場での前田とのスパーリングでぼろぼろにされているシーンがあり、僕はそのシーンが安生のイメージとして頭にすり込まれていた。その安生が立ち技の試合で緊迫感溢れる試合をした。この日のベストバウトはこの試合であった。実際にこの試合はリアルファイトだったという。この日の試合のマッチメイクは、上位の選手よりも下位の選手の方が、ハードなメイキングになっていると感じた。この大会が開催された頃が新生ＵＷＦのピークであった。

爆発的な盛況は長続きしないと言われているが、１９９１（平成３）年の１月、新生ＵＷＦは崩壊の時を迎える。前田と社長とのトラブルによって、松本での試合を最後に終わりを告げる。その時の経緯については、それに関係した人たちによって真相が語られている。プロレスが衰退していった原因の一つとして、団体内の人間関係のトラブルによって会社が長く継続しないということがあげられる。日プロもそうであった。内部のトラブルが理由で選手がその団体を離れていってしまうことをプロレスの歴史は繰り返している。

ＵＷＦの場合はフロントとエースであった前田を中心とした選手との関係や選手間の人間関係がうまくいかずに、結局、三つに分裂してしまう。しかし、その当時の様子を冷静になって今見てみると、それ程大きな問題があって分裂したようには見えないのだ。前田が誰かの焚きつけによって、必要以上にフロントに疑念を抱いたこととか、選手間の上下関係を原因とする感情のもつれとか、どこの組織でも存在する、ある意味些細なことが発端となっている気がする。もう少し、会社経営に関して大局を見ることのできる第三者、専門家が介入して、生じた問題に対してもっと丁寧な話し合いや対策を講じていれば防ぐことができたように思われる。

選手間のトラブルに関しては、宮戸や安生が前田に従わなかったことで前田が突如解散宣言をしたということが直接の原因のようだ。想像するに、もう二度とこうした問題が起きないようにと、選手の中心だった前田は他の者から見れば執拗過ぎると思うほど一途に一致団結の確認をしようとしたのではないだろうか。前田の性格からして、やり直していくためには、自分を中心にして選手が精神的にまとまることが必要だと頑なに思っていたのだろう。一方、安生や宮戸は、それなりのキャリアを積んだにもかかわらず、前田にずっと若手扱いされてきて、日頃から自分たちも認めてもらいたいという願望があったと思う。この出直しの機会を捉えて、自分たちの考えや要望を会社のこれからの動きに少しでも取り入れて欲しいと思っていたのだろう。僕にとって、この頃の安生や宮戸は、船木などと比べて選手として存在感が薄いものであり、前田ファンであった僕は、当時は何であんな下っ端の選手がエースの前田に刃向かうのかと憤りすら感じたものだった。

ただ、その後の安生や宮戸の動きを振り返った時に、彼らの気持ちも今は理解できるのだ。前田があの時に、もう少し広い心をもって、若手たちの不満を聞き入れる態度を示せば、展開は変わっていたかもしれない。また、その場面で前田が一番信頼していただろう高田が前田に対して、若手の思いも聞いてやるような意見を少しでも出せば前田も態度を軟化させたかもしれない。当時の若手たちの言葉から、前田はあまり彼らから好かれていないことが窺える。彼は激烈で有無を言わせない存在だった。組織には嫌なことを言う存在も必要ではあるが。一方、高田は安生を中心として多くの若手レスラーたちに好かれ、尊敬されている存在だった。高田が若手の意見をまとめて前田に言う形にすれば、前田も受け入れたのではないだろうか。

新生UWF崩壊はほとんど20代のまだ若年である社会的には未熟な者たちが、経験不足から感情的になり、拙速に物事を決定してしまった結果のように思われる。プロレス団体の組織としての未成熟が生んだ分裂、崩壊であると思う。もし、新生UWFがあのまま存続し、前田から高田、高田から船木、船木から田村、田村から桜庭などに世代交代がうまくいっていたならば、とつくづく残念に思う。

プロレスの衰退した原因の一つに新陳代謝が正常に行われないということがあげられる。真の実力によって序列を決めないシステム、つまり本当は強いのにその実力に見合ったポジションや報酬を得ることができない体制が、選手間のトラブルの原因となり、離合集散を繰り返してきた。新生UWFはそうしたプロレスの矛盾を改善して、やや衰えの見える前田から高田や船木にエースの座をかえるなど、実力に見合った地位の確保、マッチメイクをする団体となる可能性があった。新日本、全日本に並ぶ、格闘色の強いプロレス団体として、共存共栄を図れば、プロレス人気がこうも下降することはなかったかもしれない。
新生UWFは花火のようにぱっと咲いて短い間にぱっと消えてしまった。そして、藤原組、UWFインターナショナル、リングスの三つに分裂した。前田ファンの僕は、当然、一人ぼっちになった前田リングスを一番に注目して見ていた。ここからはリングスについて述べたい。

その当時の前田に関しては、野呂田リングドクターが、前田に対して深い愛情をもって語っているのを本で読んだことがある。一人ぼっちになった前田の心情はいかばかりかと思うと同情を禁じ得ない。ただ、なぜそうなったかは本当のところはわからないが、一言で言えば、前田の人間関係作りに問題があるのではないかと想像する。僕は、前田のストレートな物言い、信じたらトコトン進んでいく姿勢や時には激怒して人に当たったりする熱いところが大好きなのだが、周囲にいる者にとってはそれを嫌悪し、憎悪する者も出てくるのは想像できる。安生や宮戸、あるいは後の長井満也や田村などもその中に入るかもしれない。調和的な人間では全くなく、好き嫌いが激しく、人を攻撃したり排したりすることもある前田の一面が、組織の長としての資質に欠けるところがあった結果の出来事だったのかもしれない。振り幅が大きく、激烈な感情の持ち主で、他にない新しい考え方を持つ前田の生き方が前田たる魅力なのだが、人によってはそれを絶対に受け入れられないと捉える人もいて、多くの敵を作ってしまうのも前田の一つの側面であった。

廃業の選択肢もあったと思うが、前田は再起する。1991（平成3）年、クリス・ドールマンの援助などによってリングスを創設する。世界の格闘技の輪を作るという意味のリングスという名前は、UWFという名前にこだわらずに斬新に聞こえた。今、振り返ると、僕にとって新生UWFよりもリングスの方が遙かにおもしろかったという印象だ。リングスは、前田一人にもかかわらず、WOWOWが放送するようになる。それによって順調なスタートを切る。

僕の家ではWOWOWは映らなかったので、知っているレンタルビデオ屋さんや友達に試合を録画してもらって見ていた。「光臨」とか「獅子吼」とか漢字の名前をシリーズ名につけていた。日本人レスラーとして、長井満也などが加わり、ドールマンの弟子のディック・フライやヘルマン・レンティング、ウィリー・ピータース、ハンス・ナイマンなどオランダのレスラー、あるいはヴォルク・ハン、アンドレイ・コピィロフ、イリューヒン・ミーシャなどのロシア勢やグルジア（現在のジョージア）勢などの参加によって、バラエティに富んだ外国人レスラーには魅力があった。

彼ら外国人選手たちは、どこかアマチュアの匂いがして垢抜けていなかった。朴訥でスマートとはいえなかった。技もシャープな感じではないがゴツゴツとした強さを持っている人たちだった。プロレスの世界ではスターには絶対になれないが、リングスのリングではその可能性もあるといった感じの選手たちだった。昔のヘーシンク、ルスカ、輪島みたいな感じだ。いろいろな国から来て、初めて日本で試合をする彼らには未知の新鮮さがあり、それがとても魅力的だった。

その中でもトップだったのがヴォルク・ハンである。背が高く、やや痩せた感があり、そのロシア人独特の風貌は魅力があった。また、変幻自在なコマンドサンボの技は新鮮で、絶えず動き回る試合展開は見ていて楽しかった。総合格闘技が確立する前のUWFスタイルのリングス的試合は、緊迫感はそれほどではなかったが、いろいろな技をトライできるルールであり、残酷なシーンはあまりなく、多くの観客を楽しませる大雑把さと優しさがあった。会場の暗い雰囲気も力道山時代のプロレスの雰囲気に少し似ていて、華やかすぎない点にかえって好感を持つことができた。WOWOWのアナウンサーの試合に対する表現も大げさでなく正確・適切で、解説の谷川貞治氏やゲストの糸井重里氏らも素人ではあったが、しゃべりにそれなりの説得力があった。プロレスの原点に戻ろうとした雰囲気があり、僕は気に入っていた。

前田はエースとして月一回の試合をこなしていて、新しい外国人選手との試合は、新生ＵＷＦの頃よりもおもしろいものが多かった。ハンやコピィロフ、ニコライ・ズーエフ、ブザリアシビリ・ラマジやソテル・ゴチェフなどとの試合は新鮮であった。ただ、全盛期を過ぎ膝の故障を抱えて、ニーブレスを着用しての試合は、やはりかつての前田の試合と比べると柔軟さや激しさが少しずつ失われていったと感じていた。もはや、身体ごとぶつかり合うような激しい試合をすることはできなくなっていた。前田日明という名前で観客を呼ぶ力は残していたが、実際の試合そのものは心に残る試合は残念ながらほとんどない。

新日本時代の何か大きな体制に挑む試合が彼の真骨頂であり、リングスの長として今の体制を維持しようとする状況においては、それは望むべくもないことであったかもしれない。前田への注目は、試合以外での言葉の発信に移っていったように思う。

リングス時代で最も印象に残っている試合は、引退試合のアレクサンダー・カレリン戦だ。レスラーが対戦した他のジャンルの選手の中で、世界的なネームバリューから言えば、猪木と試合したモハメド・アリに次ぐ存在だ。当時、多くの格闘技ファンの中で絶対的な存在だったのはヒクソン・グレイシーだが、それはブラジルや日本においてのみ知られる存在に過ぎなかった。世界規模で普及しているアマレス界の大スターがカレリンだった。その独特の風貌、太い頑丈な骨の上に見事な筋肉が均等にきっちりと付いた理想的な身体。

大きな重量級の相手を投げ飛ばすサイドスープレックス。本当にリアルなスープレックス。圧倒的な存在感を持つ選手がまさにカレリンだった。そのカレリンと対戦することは至難の技だったはずで、相当の交渉を積み重ねてのものだったろう。前田が、以前からロシアを訪問したり、ロシアの選手などを招聘したりする実績があったことが実現した大きな理由だと思う。

アメリカでもトレーニングし、前田の身体は以前よりはシェイプアップされていた。ただ、その試合そのものは、厳しい目で見るとぐっと心に残るような激しいものではなかった。前田の攻撃はほとんどローキックだけだった。カレリンは前田の身体をアマレスのテクニックで終始コントロールし、踏ん張りの効かなくなっていた前田をいいように投げたり、ひっくり返したりしていた。いい意味においても悪い意味においても、リングスらしい大男同士の、スマートさやシャープさはないがゴツゴツした何か原始的な身体のぶつかり合いのような試合だった。総合格闘技のような顔面を殴ったり、蹴ったりする暴力性やスリリングさはなく、プロレスのような観客にこびたショー性もなく、大男が小賢しい駆け引きをせずに黙々とぶつかり合っている。かつてのガス燈時代のプロレスとはこんな感じだったのかなと思わせるような内容、雰囲気だった。我を忘れて見とれてしまうような試合ではなかったが、何かいいものを見せてもらったようなそんな気分だった。

考えてみるとプロレスラーで前田のような引退試合をした選手が他にいただろうか。最後の試合が、カレリンという世界的に有名な対戦相手。ちょうど40歳という年齢。リングス創設後、肉体的にはボロボロになっていくのを実感し、自分の試合がかつてのように観客を魅了することができなくなっていくのを知りながらも、団体存続のために選手を継続してきた前田。40歳になったその年にスパッと身を引く。馬場は60歳まで、猪木は56歳まで、長州や天龍は60代過ぎて、藤波はまだ現役を続け、武藤や船木、鈴木なども50歳を過ぎてもまだ現役を続けている。収入の問題もあるだろうが、プロレスには年をとっても試合を続けたいと思うほどの魅力があるのだろう。かなりの年齢になっても現役でいるレスラーの何と多いことか。

そういうレスラーが多い中で、40歳で前田はキッパリと引退した。そして、引退後も復帰したりする選手がいるが、復帰することなく現在に至っている。そうした散り際の潔さが前田日明の魅力であることは間違いない。新陳代謝が滞っていることがプロレスを衰退させた一つの大きな原因になっているということは前述した。年をとってもできるプロレスではなくすることが、また他人に見せることができる美しい身体を失った者は引退をするという当たり前のことが、プロレスを復興させる一つの方法であるだろう。

リングスの10年間の中で特に印象に残っている時期が二つある。その一つは、正道会館と業務提携をして、佐竹雅昭を中心とした空手家たちが参加していたリングス初期の頃だ。格闘する雰囲気が試合会場に充満していた。特に佐竹はあの頃が一番強かったのではないだろうか。後に総合格闘技のリングで、小川などと試合をする佐竹だが、コンディションと精神的なモチベーションにおいて、リングス時代が最も充実していた。後の佐竹はやや腹が出ていたが、この頃はシェイプアップしていて容貌もかっこよく、ゴジラのテーマ曲はピタッと合っていた。

この頃の佐竹の試合で最も記憶に残っているのは、ジェラルド・ゴルドーとの試合だ。やや佐竹優勢で試合は展開していた。実力者のゴルドーに対して佐竹は臆するところはなかった。レフェリーがブレイクをかけ、ゴルドーがやや力を抜いていた時に佐竹は試合を中断するなとばかりにキックを見舞う。それに怒ったゴルドーが突如、佐竹の顔面に素手パンチを数発見舞う。本物のケンカパンチを当てられて、佐竹はロープに押し込まれながらも抵抗する。佐竹側のアダム・ワットなどがリング上になだれ込んで、飛びついてゴルドーを止めようとする。ゴルドーの反則負けが宣せられて、試合は終わる。納得のいかない佐竹は顔をゆがめながら、ゴルドーに詰め寄る。セコンドにいたドールマンに、「なぜ？」というように顔を向けるが、ドールマンは自分は分からないといったような表情をする。試合を何回も見てみると、ゴルドーが反則に逃げたようにも見える。ゴルドーの反則に対して佐竹は堂々としている。

やがて、ゴルドーは中井祐樹との総合の試合で反則の目つぶしをして、失明させるという暴挙を行うが、あのような試合をした者に対しては断固たる処置をとるべきだ。すべてではないが、オランダの選手にはそういうタイプが多かった。ディック・フライやハンス・ナイマン、ギルバート・アイブルなど、格闘家としての礼儀やマナーが欠如しているように感じた。調子のいい時と悪い時との差が大きく、悪い時はあっさりと負けることが多かった。精神的に鍛えられておらず、本当に強い相手に対抗する真の力は持っていなかった。

佐竹の記憶に残るもう一つの試合は長井満也との試合だ。長井はＵＷＦ出身で、分裂直後は高田のＵＷＦインターナショナルにいたが、すぐにリングスに移ってくる。長井は結構、長身で立派な身体をしていた。初期の頃は、解説者の谷川貞治氏なども評価していたように思う。長井も佐竹戦の前に、ゴルドーと試合を行っていた。長井はゴルドーの気迫に圧倒され、最後はフロントの首絞めであっさり負けていた。リングス所属の日本人として、正道会館のエースに挑む長井対佐竹の試合は他流試合の緊張感があった。しかし、最後は佐竹の強烈な掌底で長井がノックアウトされて終わる。完全なる佐竹の勝利だった。

試合後、佐竹の掌底はパンチだったのではないかと長井側が抗議をして、両陣営がリング上でもめる事態となる。明らかに佐竹は掌底で打っているのだが。

この件をきっかけに、リングスと正道会館の関係が悪くなり、正道会館はリングスと手を切る。リングスにとっては非常に残念な結果となった。ある意味、この時期のリングスをリードしていた佐竹を失うのは大きな痛手であった。また、佐竹がずっと望んでいた前田との試合が実現していればさらにリングスの展開はおもしろくなっていったと思われる。リングスで活動した日本人選手で、前田以外で存在感のあったのはこの佐竹と田村だけだ。他の選手はある一定のレベルに達していなかったと僕は思っている。

正道会館はこのリングスとの交流を通じて、プロの興行の仕方を学び、Ｋ－１を立ち上げ一世を風靡する。しかし、佐竹は石井館長との確執から正道会館を離れていき、全盛期を過ぎた後に、総合格闘技の試合に出場するようになる。だが、総合格闘技においてはそれ程の結果を出すことはできなかった。

ただ、前田と佐竹はうまが合うようで、その後も交流を続けている。正道会館からは、佐竹の他に角田信朗やピーター・アーツ、アダム・ワットらも参加していた。角田は強くなかったが、初期の頃の試合は緊迫感があった。正道会館が参加していた時期は、リングスらしい雰囲気が充満していた頃だったと思う。

リングスには正道会館の他に、和術慧舟會所属の西良典、サブミッション・アーツ・レスリング（SAW）所属の木村浩一郎など、他団体の選手も参加して、プロレスのように一つの団体の日本人選手と外国人選手の試合ではなく、複数の別団体の選手が一つのリングに集まり試合が展開し、団体名の通り「リングス」であった。その運営方法に新しさやリアルさがあった。プロレスあり、リアルファイトあり、バラエティに富んだ試合内容が魅力だった。

リングスは、若手の日本人レスラーがなかなか育たなかった。長井の後に、成瀬昌由、山本宜久、高阪剛、坂田亘、滑川康仁、横井宏考などが入門したが、これは強くなるなあと思った者は一人もいなかった。実力的にはまだまだなのに、前田と彼らの中間にいる選手が長井の他にはいなかったこともあって、自分たちの力を少し過信しているような様子が見えた。精神的な面でもそうだが、肉体的に基本的な体力を十分につけていないと感じていた。若手の中では高阪が一番体力があったと思うが、他の選手は身体の土台作りが十分でなかった。成瀬や山本がデビューしてすぐの試合を見たことがあった。Uインターの若手、たぶん金原弘光たちだったと思うが、その試合と比較した時に、激しさや厳しさで完全に負けていると思った。それは後に、田村や金原、山本喧一がリングスに移籍して、その練習を見た時に「Uインターの方が断然、上だ」と言っているのを雑誌で読んだことがあるが、そう思うのも当然のような気がした。

リングス後期、田村が移籍して、長井や山本と試合をした。特に山本宜久との試合は、対抗意識を燃やし、他流試合のように緊張感溢れるとてもおもしろい試合だった。山本の反則ぎみのパンチで田村も途中、失速する場面もあったが、最後は飛びつき腕十字で勝利を収める。田村と山本の地力の差は、試合内容以上にあると思ったが、あの頃の山本は先輩の長井よりも存在感を増していた。数年後に再び行われた田村との試合などはリングススタイルの理想型のような内容でスリリングであった。

山本は、ＵＦＣジャパンでヒクソンとも戦う。予想に反して試合は長引くが、試合の内容は大したものではなかった。もし、ロープを持ってはいけないというルールであれば、山本は簡単にヒクソンに倒され、短時間で首絞めか逆十字で負けていただろう。山本は10センチ以上背が低く、体重も軽量なヒクソンに技術は言うまでもなく、パワーにおいても完全に負けていた。総合格闘技の試合のレベルは低く、ヒクソンと中井祐樹の試合と比べると格段の差があった。あの試合は、リングサイドに前田が来て、山本に指示を出しているのが興味深かったが、試合そのものはおもしろいものではなかった。その後、山本は総合格闘技のリングに何度か登場するがあっけなく負けることが多かった。

高阪はアメリカのUFCにも出場したり、KOKトーナメントであのヒョードルにTKO勝ちを収めたり、リングス解散後は日本での総合格闘技のリングにも登場する。山本や成瀬の後輩にあたるが、彼らよりも落ち着いていて精神的に大人に見えた。「世界のTK」とか言われたりしたが、僕はそれ程、強いとは思っていなかった。田村とも試合をしたことがあったが、高阪には動きにシャープさがなかった。基礎体力は、リングス生え抜きの中では一番あったが、格闘センスが今一つで、スター性がなかった。彼は、放送席で解説している時が、その真価を一番発揮していた。総合格闘技の試合において、素人にも理解できるわかりやすい、理論的な解説を高田よりも遙かに上手にしていた。若手を指導する優秀なトレーナーとして、これから活躍するのではないだろうか。

リングス生え抜きの若手が十分に育たなかったことが、リングスが約10年で活動を中止したことと大きく関係がある。魅力的な外国人選手がたくさんいた一方で、優秀な若手、後継者を育てるシステムがリングスにはどこか不足していたのだろう。新日本が藤波や長州、佐山や前田ら数々のトップレスラーを生み出したような力がリングスにはなかった。

結局、前田はUインター出身の田村や金原に頼るしかなかった。かつて、新生Uで前田と対戦し、負傷欠場した田村は、Uインターで経験を積み、真の実力を身に付けてリングスに登場した。Uインターの末期、高田への挑戦を口にしたりする程の実力を身に付けた田村は、Uインターが新日本プロレスと試合をする流れに一人乗らず、孤高を貫いていた。その姿勢は、Uファンに支持をされていた。どうせ、新日本と交わっても、かつての国プロ勢がそうであったようにだしに使われるだけで、最後は丸裸にされて放り出されるのはわかっている。せっかく、身に付けたこのスタイルは古いプロレスと交われば、穢されてしまうという意識を田村は強くもっていたのだろう。それは前田の考えと共通するものであった。

田村は総合格闘技の試合でパトリック・スミスに勝利を収めてから、リングス入団を決める。元々いたリングス勢との不協和音の中で、田村は真の実力者として、その地位を確立していった。それによって、長井や山本との確執が深まっていくことになる。特に長井は、リングス創立当時から前田に継ぐ二番手として活動していただけに、その処遇に不満を抱いたことも理由となり、最終的には退団していったのではないだろうか。

次にリングスで印象に残っている時期は、前田引退後にルールを改正してリングスKOKルールの下で、総合格闘技に近い試合を行うようになった頃である。リングスが最後の輝きを放った時期だ。特に2000（平成12）年と2001（平成13）年に行われたKOKトーナメントはとてもおもしろかった。

家でWOWOWを見ることができなかった僕は、家から50キロ程離れた、高知県の宿毛市にある温浴施設によく行った。その二階でWOWOWを見ることができたからだ。VHSのビデオテープを持って行って試合を録画した。それほど、この時の試合はおもしろかった。

第一回は、田村潔司、レナート・ババル、イリューヒン・ミーシャ、ギルバート・アイブル、ダン・ヘンダーソン、アンドレイ・コピィロフ、ヘンゾ・グレイシー、そしてアントニオ・ホドリゴ・ノゲイラなどが参加していた。プライドなどのルールと違い、グラウンドでのパンチを禁止したこのルールは、暴力性が薄く、打撃以外の技をトライする余地があり、それが魅力となっていた。現在のMMAのルールよりは過激さは劣るが、残酷さがなく、見やすくバラエティに富んだ技が出せるという点で、ある意味理想的なルールだった。打撃を得意とする選手だけでなく、寝技を得意とする選手が自分の個性を出すチャンスがあるルールで、お茶の間でも見ることができるギリギリのルールであった。

この時のいくつかの試合はよく覚えている。その一つは田村とヘンゾとの試合だ。この試合は前述した温浴施設で見た。当時、日本を席捲したグレイシーの一人、ヘンゾに田村は勝利した。地味だが、内容のあるいい試合だった。日本人の中で唯一、田村だけが彼らと対抗できる実力を持っていることを証明した試合で、集中して見たことを覚えている。

田村は桜庭と並んで、総合格闘技においても技術的に戦えるものを持っている、日本人としては数少ない選手だった。しかし、その後、ババルと試合をして敗れた。原因は連戦による疲労もあったが、身体の大きさの面で両者にはかなり差があった。あのサイズの相手には田村の技術がなかなか通用しないということを示していた。

コピィロフが、柔術の世界王者であったカステロ・ブランコを秒殺した試合もおもしろい。サンボ王者としてのコピィロフの実力を示した試合であり、コピィロフがもう少し若く、スタミナがあれば、総合格闘技においても力を発揮できると思わせた試合だった。

そして、最も印象に残った選手は、断然、ノゲイラだった。この時、まだ21歳くらいだったと思う。あの頃のノゲイラはパンチなどの打撃はまだ十分ではなく、タックルなどの倒す技術もそれほどではなかった。ねちっこいグラウンドでの動きが中心でその試合運びは僕にとってとても魅力的なものだった。また、ノゲイラはアメリカの選手のように自己アピールを大げさにすることもなく、オランダの選手のように礼儀が悪くもなく、表情は穏やかで静かな好青年という印象だった。どこかの田舎から出てきた青年の雰囲気があった。黙々と試合をし、自分の有利な体勢にジワジワと持っていき、最後は寝技でしとめるという展開だった。さすがにコピィロフからはギブアップは奪えなかったが、試合が進むにつれてスタミナがなくなっていくコピィロフ相手に終始、優勢のまま試合は進み、判定勝ちする。

そして、準決勝でノゲイラはダン・ヘンダーソンと試合を行う。ヘンダーソンはアマレス出身で打撃もできて、まるでダニー・ホッジの再来のようだった。腰が強く、精神的にもタフなアスリートで真の実力者だった。このヘンダーソンに対してノゲイラは決定的な有効打は出せないものの優勢のうちに試合を進め、判定に持ち込む。どうみてもノゲイラの判定勝ちだと思った。しかし、結果は体重判定という、事前に定めたルールではないものでノゲイラは敗れてしまう。あの判定は全く納得のいくものではなかった。ノゲイラ自身は勿論、見ている側からしても不公平な結果であった。結局、ノゲイラに勝ったヘンダーソンが決勝も勝ち、優勝してしまう。僕はこの頃から、完全にノゲイラファンとなった。それはプライドが崩壊するまで続いた。

翌年の第二回トーナメントでは、田村の他に日本人選手として出場した金原や高阪、山本などもある程度、活躍する。特に金原はデイブ・メネー戦でその実力を発揮する。金原は腰の重さがなく、レスリングでは弱い印象だが、打撃に強く精神的にもタフだった。実力的には田村や桜庭に負けないものを持っていた。

その金原や田村は、ともにノゲイラに一本負けを喫する。ノゲイラは昨年よりもさらに強くなっていた。また、長くリングスの外国人エースだったハンとも対戦する。この試合は注目の一戦だった。僕たちを魅了したハンが、このルールでどれだけの力を見せるのか。結果的には、ハンはノゲイラのグラウンドでの攻めに防戦一方で、判定で敗れてしまう。ノゲイラの強さが本物であることを証明した試合だった。ただ、ほとんどの選手に一本勝ちしたノゲイラに対してハンは判定に持ち込んだ。ハンがリングスに初めて参戦した頃の若さだったらと思ったものだ。

決勝では、ランディ・クートゥアを下したヴァレンタイン・オーフレイムと試合をして、簡単に一本勝ちして、優勝する。表彰式で前田に金の月桂樹の冠をもらい、表彰台に立つノゲイラ。誇らしげな顔というよりも、何か気恥ずかしそうな、場違いな所にいるといったふうな素朴さや謙虚さを持った表情をしていた。その姿に僕はとても好感を持った。しかし、やがて彼は活躍の舞台をプライドに移し、その実力を存分に見せていく。

また、ノゲイラよりやや遅れてリングスに参加した、エメリヤーエンコ・ヒョードルはリングス無差別級王者となり、末期のリングスで活躍する。だが彼もリングス解散後、プライドに移り、ノゲイラ以上の活躍をしていくことになる。プライドで活躍したベスト3のノゲイラ、ミルコ、ヒョードルのうち二人は、リングスが生んだスターであった。そういった面でもリングス及び前田日明の存在は、格闘技界にとって大きなものであったことは多くの人が認めるところである。

外国人選手がプライドへ移籍し、前述した長井、やがて成瀬や山本もリングスを去っていく。どこからかやってきた者はいずれはどこかに去っていくと誰かが田村のことを言っていたが、その言葉通り、リングスのエースとなった田村も短期間で去っていった。

去っていくことにどのようないきさつがあったかは知らないが、前田ファンの僕としては、田村潔司という選手に対して、その実力は認めるもののどこか自分本位さや悪い意味でのクールさを感じてしまうのだ。だから、その後、田村がプライドのリングに立ち、ヴァンダレイ・シウバや吉田秀彦と戦った時も対戦相手を応援する自分がいた。後にドリームのリング上で前田が勝利者の田村にトロフィーを渡す時に、田村の身体にぶつけるように渡したシーンは、前田の田村に対する心情を万人に見せたものだった。自らの感情をストレートに出す単純明快な前田と、どこか陰に籠もり感情を密封する田村は対照的で性格的に合わない面があるのかもしれない。

田村よりもリングス生え抜きの成瀬と山本が去ったことは、前田にとって相当なショックだったと思われる。何に不満があったのかは僕にはわからない。しかし、彼らのその後の展開を見る時に、彼らはリングスの時以上に輝くことはなかった。

最後までエースとして残ったのは金原だった。金原はかっこよくはないが、好感が持てる存在だ。彼の言動からも、何か小賢しい計算をしての行動をするタイプではないように見える。

しかし、ＷＯＷＯＷの契約を打ち切られたリングスは、２００２（平成12）年に休止してしまう。約10年の活動期間であった。前田が引退して３年しか経っていない。この時は非常に残念に思った。新生ＵＷＦの分裂よりも遙かに寂しい気持ちがした。休止ということだったので、いずれ再開してくれるのではという淡い期待を抱いた。『鉄人28号』の最終回で「いずれまたみなさんとお会いしましょう」というナレーションを信じて、待っていた子どもの頃のように。しかし、ハンの引退試合など２回ほどリングスの大会は開催されたものの、ほぼない状態が続いている。

次にＵＷＦインターナショナルについて述べたい。僕はリングスファンだったので、Ｕインターと藤原組及びパンクラスはリングスに比べて、しっかりとは見ていない。断片的にしか記憶に残ってない。ただ、新生ＵＷＦ分裂後、元ＵＷＦの選手については、新日本や全日本など他の団体と比べると興味を持ってその動向を見ていた。

Ｕインターは、宮戸や安生が高田を担ぎ出してできた団体であった。その名前からして、ＵＷＦを引きずっているような感じで、どこか垢抜けない印象を僕は抱いていた。宮戸がアイデアを出す中心となり、安生が道場で若手を鍛える中心となって、高田というエースをどんと据えて、プロレス的な要素を取り入れていた。「格闘技世界一決定戦」とか、「一億円トーナメント」だとか、どこか昔の新日本の面影を残しているような中途半端な感じであった。

ルー・テーズやビル・ロビンソン、ダニー・ホッジなどが、立会人のような形で時々顔を見せていた。ベイダーやゲーリー・オブライト、サルマン・ハシミコフなど新日本で活躍したレスラーが参戦していた。高田としては、新生UWFで真剣勝負を謳いながらもプロレスをしていた後ろめたさから解放されて、従来のプロレスに近い形であまり気負わずにやれるという意味でよかったのかもしれない。

高田というレスラーが最も輝いていた時期はこの頃だった。身体つきも以前より締まり、紫色のトランクスをはいたその姿は、パンクラスの船木に負けない美しさがあり、貫禄・風格を感じさせた。完全に同時期の前田を上回っていた。その姿形のよさは、コンディションの良さを示していた。やがて武藤と試合をして敗れるまでの期間は、日本の格闘技界で最も輝いていたのは高田だ。

高田の肉体的な強さや道場でのスパーリングでの強さは、当時Uインターにいた多くの選手が異口同音に述べているので間違いないところだろう。また、高田は前田と違い、調和的でコミュニケーション能力があり、言動に危なっかしい面がなかった。前田のように言葉に光るものはないかわりに、話題作りのために過激なことを言うタイプではなかった。そのようなこともあって、周囲のメンバーは高田を尊敬し、信頼していた。

しかし、僕にとってはその点こそが高田に対してあまり魅力を感じない理由となっていた。中庸であるがゆえに安定感はあるのだが、強烈な個性を感じない物足りなさを感じていた。それは試合内容においてもそうだった。猪木や佐山、長州、前田、船木などのように、「もうそれくらいでやめとけ」という程にこれでもかこれでもかと攻撃する激しさが足りないと感じていた。

その高田のこの時代の試合で記憶に残っている試合の一つは、トレバー・バービックとの異種格闘技戦だ。これはリアルファイトだったようだ。猪木対アリ戦を意識した、元ボクシングヘビー級チャンピオンとの試合。バービックの肉体は、それ程衰えているようには見えなかった。一発パンチがあたれば倒せる迫力が感じられた。しかし、高田の強烈なキックの連打に圧倒されて試合放棄し、高田が勝利する。立ってキックすることがローキック以外はできなかった猪木と違い、ミドルにもハイにも打てる高田のキックの技術を存分に見せた試合だった。

もう一つは元横綱の北尾光司との試合だ。この試合は、事前に引き分けということが決められていたのだが、北尾がキックはいくらでも打ってきて構わないということで、結果的に高田の右ハイが北尾のあごを直撃し、北尾がノックアウト負けする。何とか立とうとするがロープも邪魔して、身体が思うように動かず、朦朧とした、何が起こったのかという表情で10カウントを聞く北尾の姿が強烈に印象に残る。予定を偶然に覆した、高田ファンとしては理想的なフィナーレ。北尾の実力が大したものではないという事実は、後に総合格闘技の試合で露呈していくのだが、この試合は、北尾のそれまでの幾多の言動に対して憤りを持っていたプロレスファンにとって、溜飲の下がる、全くすっきりとした決着であった。高田人気がピークに達したのはこの試合後であった。

しかし、一億円トーナメントが空振りに終わり、安生がヒクソンに返り討ちにあった次の年の1995（平成7）年、高田は「きわめて近い将来、引退します」とファンに告げ、Uインターで選手を続けていく意欲を失っていく。

そして経営困難を打開するために、10月から新日本との対抗戦を行うようになる。高田は東京ドームでの武藤との試合で、古典的なプロレス技である足四の字固めで敗れる。それは、Uインターに救いの手を差し伸べた新日本のリングでは当然の結果であった。僕はその試合を見て特に感慨はなかった。

かつて、新日本に反旗を翻したUWFの主要なメンバーの一人の高田を征服して、新日本は清々した気持ちだっただろう。永島勝司、長州のイケイケコンビは高みから優越感をもって高田の敗北を眺めていたことだろう。

高田は自分のためだけでなく、Ｕインターの窮地を救うために新日本プロレスとの交流に敢えて乗り出したのだが、それは僕たちＵＷＦを支持する側の者にとっては許しがたい屈辱だった。かつて砂をかけるように出て行った新日本に戻り、結末の出ているプロレスをして負けた高田は裏切り者にさえ思えた。ＵＷＦの魂を売ったと思った。すでに高田は魅力を失っていた。僕が前田を支持する大きな理由として、前田は新生ＵＷＦを作った後、旧来のプロレスに一度も戻らなかったことがあげられる。一度引退をしても、それを撤回して再びリングにあがるようなことをしなかったことにある。前田と高田や船木、長州らとの決定的な違いはそこにある。

Ｕインターは新日本と交流し、安生や金原、桜庭などはそれなりにおもしろい試合を見せた。特に当時の安生の試合を今見てみるとてもおもしろい。ヒールを演じ、鈴木みのるのプロレスに匹敵するような、観客を沸かし、驚かせる技術を持っている。プロレスが進む道はあの方向だとさえ思う。

しかし、かつてのＵＷＦが新日本を席捲したパワーはＵインターにはなく、１９９６（平成８）年の12月にとうとう解散してしまう。三つに分裂した旧ＵＷＦの団体としては最短でその活動を終えた。三つの団体の中で一番最初に終わりを迎えたのはなぜだったのだろう。資金力のなさか、宮戸が放つアイデアが先を見越してのものではなく、短期的な話題作りの面に終始していたからなのか。三つの中では、今までにない新しい独自の路線を敷くことができずに、タッグマッチの導入など旧来のプロレスの形に近いものだったからか。やがて、キングダムという総合格闘技ルールを行う団体を立ち上げたが、それも短期間で終わってしまう。

しかし、Uインターの若手は、三つの団体の中で最も本当の強さを身に付けていたのではないだろうか。安生を中心に、田村、垣原賢人、金原、高山善廣、松井大二郎、山本、桜庭などだ。一見、一番保守的で従来のプロレス寄りに見えたUインターだったが、後の総合格闘技の試合で実績を残したプロレスラーが一番多かったのは、リングスでもなく、パンクラスでもなく、勿論、新日本でもなくUインターだった。そのことがUインターの一番の功績である。Uインターの真価は消滅した後に、若手たちによって発揮されていくことになる。

最後に藤原組とパンクラスについて述べたい。三つの団体の中で最も前衛的であったのは、船木や鈴木を中心としたこのグループだった。最初はプロフェッショナルレスリング藤原組という何とも古風な名前の団体だった。新生UWFの崩壊後、行き場を失った若い船木、鈴木は師匠である藤原を頼った。

藤原組の旗揚げ直後の頃だと思うが、僕は徳島市の体育館で行われた藤原組の試合を見に行ったことがある。同じ四国とはいえ、愛媛県の南部に位置する僕の住む宇和島市と四国の東部にある徳島市はかなり遠い。車で5時間はかかる。試合前に体育館のトイレに行ったら、たまたま藤原が僕の横で用を足していた。そんなに身体は大きくなく、僕より少し背が高いくらいだった。僕が「今日は誰と対戦しますか」と聞いたら、確か藤原は「マック・ローシュ」と答えた。あまり有名でない外国人選手だった。

試合の内容はよく覚えていない。しかし、これまで会場で見た全日本、新日本、国プロの試合の中で一番まともだった。何がまともだったかというと蹴りなどの攻撃が本当に痛そうに見えたからだ。地方における他の団体のプロレスはテレビでの試合に比べて、明らかに手を抜いているように見えた。いつか忘れたが京都の野外で行われた新日本の試合を見に行ったことがある。途中から雨が降り出し、メインイベントに登場するはずだった猪木が、それよりいくつか前に試合をしたのだった。「天龍革命」と言われるが、天龍が試みたことは、激しい試合を地方でも行うことによってプロレスの信頼を回復しようとしたことにある。東京や大阪など都会を中心とした興行ではなく、地方での興行も大事にしていくことも大切なことの一つだろう。初めて見た藤原組の試合は、派手さはないが真面目に取り組んでいるという印象をもった。

藤原組はメガネスーパーがスポンサーとなり、エース的存在の船木は、東京体育館ではボクサーのロベルト・デュランと、東京ドームではキックボクサーのモーリス・スミスと試合を行った。

しかし、この藤原組は藤原と船木、鈴木との考え方の違いから、二年足らずで分裂し、船木と鈴木は、1993（平成5）年にパンクラスを立ち上げる。このパンクラスという名前はリングスという名前以上に格闘技の団体としては秀逸な名前だ。ロゴもかっこよかった。船木、鈴木とも肉体改造をして、以前よりも身体を絞り、非常にシェイプアップした姿でパンクラスの旗揚げ戦に登場した。戦うために作り上げた、無駄な肉を削り落とした見事な身体であった。相手の攻撃を受けて耐えるために余分な肉を付ける必要のあるプロレスラーの肉体とは全く異なるものだった。かつての猪木が持っていた肉体に近い美しさを感じた。

そして、パンクラスはすべてリアルファイトを行うようになる。船木や鈴木が新生UWFの頃から夢見ていた真剣勝負を行う団体となる。佐山や前田、高田ができなかったプロレスの発展型を若い船木を中心にして実現させる。「秒殺」という言葉も生まれた。旗揚げ戦は全試合で13分5秒という短い時間で終わった。総合格闘技に比べればまだ甘さはあるが、旧UWFを彷彿とさせる雰囲気の中で試合は行われていた。リアルではあるが、動きが少なく、おもしろみに欠けるという印象だった。

ケン・シャムロックやバス・ルッテン、ジェイソン・デルーシア、ガイ・メッツァーなどの比較的軽量だが、真に実力のある外国人選手が参加した。また、日本人選手も船木や鈴木以外に冨宅祐輔、高橋義生、柳澤龍志、近藤有己などの若手選手も実力をつけていった。パンクラスがリアルファイトであるということで、シューティング（修斗）から山田学などの実力者も入団するようになった。

しかし、真剣勝負ゆえにケガ人が続出し、戦線離脱したりする者も多かった。それによってヒールホールドを禁止したりする処置を取る。また、実力主義であるゆえにエース船木も度々敗れたり、メインイベントに外国人選手が登場することで観客数が減少したりする。こうした状況を見て、船木は、団体の興行が成立し続けるためには、パンクラスのあり方は厳しいことを痛感する。団体として、ある程度の収入を得て継続していくためには、旧来のプロレス的なやり方がやむを得ない方法であったのだと気づいたのかもしれない。

しかし、船木を中心としたパンクラスは、自分たちの道を歩んでいく。当時、僕はパンクラスの試合をリングスほどには見ていないと思うが、ビデオや雑誌では見たと思う。その時の感想としては、これまでのプロレス団体の中で一番厳しい試合をしているなと思った。遊びや余裕がなく、勝つために余計なことはせず、最短で終わらせる動きをしていた。ただ、船木とシャムロック、バス・ルッテン、近藤との試合などそれ程印象に残っていないのだ。プロレスのように色眼鏡で見られる余地は全くない堂々としたスポーツであると認めるのだが、スポーツライク過ぎて何か足りないものを感じていた。それは見せる要素、観客を意識したアクションだ。観客に媚びを売るような過剰なパフォーマンスではなく、負けにつながる危険性はあっても、思い切って技にトライすることへの欲求だったのかもしれない。

1990年代の後半、総合格闘技が次第に注目を浴びていく中で、パンクラスはパウンド有りの総合格闘技ルール（パンクラチオン）を導入していく。船木はジョン・レンケンとの試合を皮切りに三戦行い、ついに2000（平成12）年の5月にヒクソン・グレイシーと戦う。そして首絞めで敗れ、引退を決意する。高田とヒクソンとの試合は、プライドの章で述べるが、高田の試合に比べて、31歳の船木は健闘した。高田よりも身体全体の覇気というものがあり、パンチでヒクソンの目に打撃を与え、あわやという場面もあった。しかし、最終的にはマウントをとられ、背中を向けたところを首絞めで失神し、壮絶な敗北を喫する。日本で行われたヒクソン戦の中では最もおもしろい試合だった。ヒクソンの強さを改めて認識する試合であったが、高田が敗北した時ほどのショックは僕にはなかった。まあ、順当な結果だろうなと思った。

総合格闘技の準備をしてきた船木だったが、その期間は2年くらいだ。本試合で三試合しかしていない船木が勝てる相手ではないことは明白だ。プライド等での試合を見た時に、ある程度のレベルの選手はマウントをそう簡単には取られない。最も不利な体勢にならないように防御する技術を持っている。しかし、高田は勿論、船木もその技術を十分に会得しないままにリングに上がっていた。

船木は死ぬ覚悟でリングに上がったと言う。負ければそれは死と同じだとも。僕はそれを、まだ31歳に過ぎない船木の驕り、視野の狭さから来るものだと思っている。短絡的に物事を決めようとする若年者にありがちな判断だと。船木は、あのヒクソン戦の敗北から、本格的な総合格闘技の選手へと変貌していくべきだった。年齢的にもそれが可能だった。ああいう大舞台で試合をしたプロレスの選手は、高田と桜庭、藤田しかいない（永田裕志もいるが、彼の場合は試合があっけなさすぎて数に入れるには抵抗がある）。

あの試合から後、プライド等のリングにあがり、ヒクソン以上の実力のある選手、たとえばヴァンダレイ・シウバ、ミルコ・クロコップ、アントニオ・ホドリゴ・ノゲイラ、あるいは吉田秀彦などとの試合を僕は見たかった。船木が２００７（平成19）年に復帰するまでの7年間をそういう時間に使っていたならば、おそらく桜庭以上の人気を博したのではないか。船木の持つスター性があれば、日本人選手のエースとして、UWF系レスラーを支持する僕たちの思いをプライドのリングで実現してくれたのではないか。船木の2000（平成12）年の引退は残念としかいいようがない。船木は今もプロレスを続けているが、一番輝いていた時はこのパンクラス時代だった。

そのパンクラスは、創立者の船木が去った後も経営者が変わりながらも現在まで継続している。Uインターやリングスがとうの昔に活動を停止した後も続いていることは敬服に値する。佐山のシューティング（修斗）と同様に地味な活動ではあるが、真剣勝負であり、アマチュアの組織もあり、土台がしっかりとしていることが続いている理由だと思う。ただ、僕は今のパンクラスがどういうふうになっているか、新日本と同様に興味がなく、ほとんど知らないのだ。船木がいた頃が自分にとってのパンクラスだ。

新生UWFが崩壊して30年がたつ。年月の流れの速さに呆然とする。しかし、30年もたったというのに、いまだUWFに関しての雑誌等が発刊されているのはなぜなのか。僕に関して言えば、21世紀になってからの総合格闘技等の数々の試合よりも、1980年代から1990年代にかけての前田や高田や船木などの試合の方を鮮烈に記憶しているのだ。

彼らは、馬場や猪木が作った古いプロレス界を本当の強さを求めて、変革しようと試みた。数々の挫折や分裂、妨害を経験しながらも自分の道を突き進んでいった。総合格闘技の隆盛の時代、プロレスラーの中で参戦に手を挙げたのはほとんどがＵＷＦ系であった。彼らの多くは敗れることが多かったものの、彼らの参戦があったからこそ、ヒクソンをはじめとした選手が脚光を浴び、プライドが注目され、総合格闘技というものが一つの大きなジャンルとして根付いたのだ。プロレス界のパイオニアだったＵＷＦは消えてしまったが、我々の心の中には輝いていたあの頃の風景が今もしっかりと残っている。前田を筆頭に高田や船木、鈴木、安生、田村などのＵＷＦ戦士は総合格闘家ではない。総合格闘技もできるプロレスラーであったのだ。

願わくば、最近、猪木を中心として新日本出身のプロレスラーが集うように、対立し分裂してしまった彼らが一同に会する日が来て欲しい。かつてあんなに仲のよかった前田日明と高田延彦が、笑顔で握手する姿をＵＷＦファンとしていつか見てみたい。

第6章

PRIDE（プライド）

最後にプロレスではないがPRIDE（プライド）について語りたい。総合格闘技は、プライドの他にも、HERO'S（ヒーローズ）やDREAM（ドリーム）、戦極、アメリカのUFCなどがあったが、僕が熱心に見たのはやはりプライドだった。プロレスに失望した僕に、かつてのプロレスに求めたものを見せてくれたのがプライドであった。それは、プロレスからプライドにスライドした人たちの共通の思いだ。

プライドの試合がある時は、家族と離れて一人部屋に籠もって、居住まいを正しながら、スカパーのペイパービューを3500円くらい払って見ていた。プライド全盛期の頃は本当にドキドキ、ワクワクしながら見ていた。他のことは何もせずにテレビの画面に集中して見ていた。子どもの頃に馬場の試合を見た時のように、高校生や大学生の頃、猪木の試合を見た時のように、社会人になって前田の試合を見た時のように。

プライドは、高田対ヒクソン・グレイシーの試合から始まった。1997（平成9）年10月11日、東京ドームで行われた。この試合はテレビで放映されなかったし、当時はインターネットが僕の家にはなかったので、試合の翌朝、車で30分の宇和島駅まで行き、『東京スポーツ』を買ってその結果を知った。４分ちょっとで高田はヒクソンの腕ひしぎ逆十字固めで敗れていた。その新聞記事を見た時、やはり軽いショックを受けて、何とも言えない喪失感に包まれた。あっけなく、高田は負けたんだなと思った。真剣勝負の素っ気なさというか、冷酷さというか、そんなものを感じた。その後、その映像をビデオやYTなどで何回も見た。

高田は入場シーンから何となくかっこつけていたように思う。リングインする前に安生と抱き合ったりして、自信なげに見えた。ガウンを脱いだ身体は、Uインターで試合をした頃よりもかなり痩せていて、身体から発せられるオーラというものがなかった。一方、ヒクソンは戦の前の古武士のような佇まいで、大きくないが、無駄なものを取り去ったしなやかな身体をしていて、身に着けていた白いトランクスとマッチしていた。試合は高田の攻めるシーンは全くなく、蛇ににらまれたカエルのような高田は一方的に押されて、倒され、マウントを簡単に許し、自分の得意技でもあった腕ひしぎ逆十字固めであっさりとギブアップする。フィニッシュに向かう流れは見事で、一切の無駄がなく凝縮されていて、美しい決まり方だった。負けた高田にとっては、全くグウの音も出ない敗北の仕方だった。ヒクソンは勝った後も、喜びを大げさに表現することなく、まだ緊張感を保った表情をして手を挙げていた。

ヒクソンは、これまでも日本で何戦か行ってきた。高田とは再戦し、その後に船木とも試合をしたが、いずれも圧倒的な強さで勝った。そして、すべて一本勝ちであった。船木に殴られて、目を負傷した以外はほとんどダメージを受けていない。試合の内容は、相手のパンチやキックのタイミングをはずして、スッと懐に飛び込む。密着して相手をコーナーに追い詰めて、こつこつと手や足で打撃し、相手の隙をついて倒す。そして馬乗りになる。完全に相手を押さえ込み、パンチを顔面にあてる。ヒョードルのような一発食らったらノックアウトするようなものではないが、何発も相手の嫌がる箇所に入れていく。そして、相手が嫌がったその瞬間を狙って、腕ひしぎ逆十字か、相手が背中を向ければ首絞めでしとめるというパターンだった。その必勝コースに知らず知らずのうちに相手を引き込んでいく。勝った後も驕った態度は見せることなく、また相手の健闘を無理に讃えることもなく、淡々としていた。試合中のみならず、試合前の姿や表情、試合後の姿や表情は、他の選手には見られないものだった。求道者のような雰囲気があり、スポーツ選手でもなく、格闘家でもなく、何か世俗を超えた哲学者、宗教家のようでさえある雰囲気を持ち、人を引きつけてやまない何かを内包していた。別格の存在というふうだった。弟のホイスは兄ヒクソンを自分の10倍強いと表現したが、ホイスやヘンゾ、ホイラーなどのグレイシー一族の中でも特別な存在感を持っていた。プライドは、その後、ノゲイラやヒョードル、ミルコなど強いレスラーが多く登場してくるが、実力は別として、彼らと比較してもヒクソンの存在は際立っていた。他の選手にない孤独な神々しさがあった。ヒクソンは船木戦以後、試合を行わなかったのでそのイメージは壊されることなく定着した。

ただ、多くの人が言っていることだが、ヒクソンは日本において、本当に強い選手とは戦っていない。彼の数少ない日本での対戦相手は、彼の実力に拮抗する選手ではなかった。ノゲイラやヒョードルなどヘビー級の選手以外でも、例えば、柔術の技術も持ち打撃も心得ている桜庭やシウバ、マウリシオ・ショーグンやヒカルド・アローナ、メルヴィン・マヌーフ、三崎和雄などのレベルの選手と戦ったらどういう試合になったのか。時にはヒクソンが攻め込まれ、その状況を打開するような場面を見たかった。たぶん、ヒクソンはレスリングが強く、打撃系も得意とする、ダン・ヘンダーソン的な選手にやられる可能性が高かったのではないだろうか。密着を許さず、離れた距離から本物の打撃を入れる選手がヒクソンを倒すことができるタイプだったと思う。ヒクソンは、この時代の伝説的な選手であり、高田や船木との注目の一戦を制したが、試合そのものはイージーな内容で、日本人の彼らが負けてしまったという事実以外には強烈に印象に残るレベルの高い試合ではなかった。

一方の高田は、この時35歳で全盛期を完全に過ぎていた。Uインターが消滅して、キングダムで総合格闘技のルールを取り入れた試合を行うようになったが、金原弘光や山本喧一などの話では、ヒクソン戦の前、高田は彼らとあまり練習はしなかったと言っている。急遽、ブラジルから呼んだ柔術のコーチのアドバイスを聞いて、ヒクソンに対するイメージを巨大にしていったらしい。

高田はこのヒクソン戦が総合格闘技の初戦であった。10代から新日本に入団し、キャリアを重ねてきてはいたが、総合格闘技の初心者に過ぎない。冷静に考えれば、グレイシー一族に生まれ、小さな頃からこの種の戦いの訓練をしてきたヒクソンに高田が勝てるわけがないのである。ヒクソンのルールで戦うのだから、そのルールに不慣れなレスラーが勝てるわけがないのだ。僕たちは、プロレスは何でもありの格闘技の一つだと思い違いをしていた。プロレスが総合格闘技とあまり変わらないと思っていたところに大きな間違いがあるのだ。スタンドでもグラウンドでも顔面へのパンチがあるルールは、掌底での打撃を基本とし、エスケープルールを採用していたUWFルールとは全く異なる技術体系を持つものだという認識が欠けていたのだ。

総合格闘技というものを熟知していた人たちは、高田がヒクソンと戦うことを無謀だと思っていただろう。それは、大相撲の横綱、白鵬が柔道着を身に着けて、テディ・リネールと戦うようなもので、白鵬が勝てるわけがないのと同じだ。また、その逆にリネールが相撲で白鵬に勝てるわけがないのだ。もし、この試合がプロレスのルールだったら、高田はいつものように蹴りを出して、つかまれてヒクソンに倒されたら、すぐにロープに逃げてブレイクし、再び、蹴りを繰り出す展開になっていただろう。

高田がこのヒクソンのルールで戦うためには、10年前の25歳に戻り、パンクラスのパンクラチオンルールのようなもので何戦もやり、ある程度の経験をしてから行うべきだったのだ。あの時、高田の敗戦にショックを受けた僕だったが、今考えるとあの結果は当然のものだった。このことは多くの人が今は僕と同じように思っていることだと思う。

高田はこの後も何戦か、総合の試合を行うが、印象に残るようなものを残していない。高田の輝きは、Uインターの頃に終わっていた。最後は、かつて対戦を要望してはいたが、実現していなかった田村との試合で負けて引退する。ちょうど40歳。前田と同じ40歳で引退する。Uインターの末期に引退を表明していた高田は、どういう思いで約５年間の総合での試合を行ったのだろう。内心、自分の総合の実力が大したものでないと思っていただろうに。

高田は総合の試合においては輝くことはなかったが、高田の一番の功績は、プロレスラーとして一世を風靡し、この当時最も強いプロレスラーであると思われていた彼が、敗戦覚悟で別の分野の総合格闘技の世界に挑戦したことにある。同じプロレスラーではあるが、プロレスラーとしての地位がきちんと定着していなかった桜庭や藤田とは全く立場が異なる。前田と比べて高田が優れている最大のこと、前田と決定的に違うことは、総合格闘技にとにかく挑戦した唯一のスタープロレスラーだったことだ。前田は結局、総合格闘技の試合をすることはなかった。それは、前田ファンである僕が前田に関して一番、残念に思っていることだ。前田があと10歳若ければ挑戦しただろうにと思う。この点に関しては、高田は誰もやっていないことを初めてやったレスラーだった。僕はそういう意味で高田を尊敬している。総合格闘技を日本に本格的に定着させた最大の功労者は高田をおいて他にいない。負けはしたものの、未知のリングに足を踏み入れた勇気は賞賛に値する。心から敬意を表したい。

この一戦によって、プロレスラーの実力がリアルな実力を競う総合格闘技においては大したものではないと思われるようになる。かつて、プロレス最強説を唱えた猪木は、高田に対して「一番弱いやつが出ていった」なんてことを言って、プロレスを弁護している。その言からは、総合格闘技というものの本質を猪木すら十分に理解していなかったようにさえ思える。バーリトゥードの総合格闘技はパンチのないグラップリングのルールの競技とは異なるのである。そして、この高田の敗戦を機に、誰か他の日本人レスラーが、ヒクソンを中心とした総合格闘家との戦いに勝って欲しいと人々は願うようになる。その思いが一回きりで終わる予定だったプライドをその後も続かせていくことになる。

こうした流れの中で登場したのが桜庭和志である。この時代の日本の格闘家の中で最も輝いていたのは桜庭である。プロレスラーでもあった彼の活躍が、プライドを中心とした総合格闘技ブームを生んだと言っていい。僕は個人的には、桜庭はそんなに好きな選手ではない。風貌や全体的な印象から、前田や高田や船木のように、彼がスター的な要素を持っている選手だとは思わない。ただ、ＩＱレスラーと言われたように、瞬時に的確な判断をして、相手の攻撃を避け、相手の嫌がることを仕掛けていくことに長けていて、柔軟な対応ができる優秀な選手であった。元々、高校や大学ではレスリングの選手であった。ＵＷＦ系レスラーは、レスリングが得意という選手は少なかった。総合格闘技では、腰が強く、相手の本格的なタックルをしのぎ、倒す技術を持っている選手が結果を残している。

桜庭は１９９２（平成４）年、高田が北尾と試合をした年にＵインターに入団する。桜庭が23歳の時だ。安生や田村、金原など実力者揃いのＵインターの道場で強さを追求する練習を行い鍛えられ、一方プロレスラーとして、観客を意識した試合の仕方の勉強もしたと思う。

桜庭を初めて認識したのは、1995（平成7）年から始まる新日本との対抗戦の頃だった。まだ線も細く、若手の一人という感じで、永田や石沢など新日本の若手たちの方が強く見えた。キングダムでの総合格闘技の実践を経て、1997（平成9）年に高田がヒクソンに敗れた後に、UFCジャパンのトーナメントでマーカス・コナンに腕ひしぎ逆十字で勝利し、脚光を浴びることになる。プライドが本格的に軌道に乗った1999（平成11）年から2002（平成14）年くらいまでが、桜庭が最も輝いていた時期だ。1999（平成11）年はカーロス・ニュートン、アラン・ゴエス、ビクトー・ベウフォート、エベンゼール・フォンテス・ブラガなどと対戦し、ほとんど勝利を収めた。

そして、2000（平成12）年5月、東京ドームにおけるプライドグランプリでホイス・グレイシーと対戦する。この試合こそ、桜庭のベストバウトであった。この試合が人々を魅了したのは、ただ単にその日の試合内容や結果によるものだけでなく、試合に至るまでの数年間の経緯が関係する。

ホイス・グレイシーは、1993（平成5）年にスタートするUFCの大会で、UWF、パンクラスやリングスで活躍して、日本では名前の知られていたケン・シャムロックやジェラルド・ゴルドーを一本勝ちで破り優勝する。それまでは全く無名で、細身の身体をして強そうに見えない彼が、柔術の独特の戦法によって勝ち、大きな衝撃を与えた。

その後も、ダン・スバーン、パトリック・スミス、ジェイソン・デルーシアなどに勝ち、その強さを印象づけていった。日本で生まれ、名前は知ってはいるがその技術に関しての詳細はあまり知られていなかった柔術は、ホイスが著名な格闘家を次々と破ることで脚光を浴びていく。

桜庭の師匠格にあたる高田は、ホイスの兄ヒクソンに敗れ、２０００（平成12）年にはホイスにも敗れ、グレイシー柔術の神秘的な強さが増していった。その状況の中で桜庭に対して、日本人格闘家の中でグレイシーを倒す待望論が高まっていく。そして前年度、ほとんどの試合に勝利を収め、事実上のプライドの日本人エースとなった桜庭が、遂にホイス・グレイシーと試合を行ったのだ。

これはリアルタイムで見た。ホイスというのは、ヒクソンと違い何かいつも陰気な雰囲気があった。スカッとした勝ち方ではなくて、密着してネチネチとジワリジワリと相手の嫌がることをしながら勝機を窺うという戦い方をする選手だった。ガードポジションに自らなり、上になった相手に何もさせずに下から長い脚を利用して、三角締めなどを狙うというやり方で、胴着を使った執拗な攻撃に何かイライラして見ることが多かった。ただ、この頃は、すでに33歳になり、初期のＵＦＣで活躍した頃に比べてやや体力は落ちていた。

また、少しずつグレイシー柔術の戦法が知れ渡り、それに対抗する戦法が研究されつつあった。

　桜庭は距離を保ち、適度な打撃でホイスを攻撃した。ホイスに密着されて、コーナーを背にすることはあっても、レスリングの強さで倒されることはなかった。また、ホイスがガードポジションとなり、下からの攻撃をする時も、モンゴリアンチョップを繰り出したり、脚を蹴ったり、ジャンプして攻撃したりと、ホイスが予想できない奇抜な動きをして、精神的に優位に立っていった。また、恥ずかし固めや胴着の裾をあげたりして、膠着しても観客を飽きさせないパフォーマンスをして、プロレスラーらしさを存分に発揮していた。そうした桜庭の戦法がホイスを上回り、遂に6ラウンド終了後、ホイスは試合を続けることを放棄して桜庭の勝利となった。KOや一本勝ちではなかったが、レベルの高い試合内容で、グレイシー狩りを達成した桜庭に館内の興奮と熱気は頂点に達した。

　テレビで見ていた僕も、高田対ヒクソンの敗戦からモヤモヤしていたものが一気に霧散するような気分だった。日本人から見ればこの試合がプライドのベストバウトだったのかもしれない。この試合のすぐ後に「コロシアム２０００」で行われた、船木対ヒクソンの勝者であるヒクソンと桜庭が試合をすれば最高だったと思う。試合の結果はわからないが、少なくともこの頃の桜庭は、高田や船木よりも総合格闘技のレベルは上だったと思うので、ホイス戦以上のものを見ることができたかもしれない。対戦相手を吟味するヒクソンは桜庭を選ばず、結局、船木戦が最後となる。そういう意味で、いろいろな選手と戦ったホイスの方が、日本で数戦しかしていないヒクソンよりも総合的に見れば実績は上であると僕は思う。

桜庭はその後、ヴァンダレイ・シウバやミルコなど打撃系の選手に連敗し、２００３（平成15）年頃から明らかに力が落ちてくる。そして、高田との関係が影響したのか、２００５（平成17）年の試合を最後にプライドを離れる。その後、ヒーローズやダイナマイト、ドリームなどに戦場を移すが、長い戦いの中で疲労し、プライド時代の輝きを見せることはもうなかった。しかし、総合格闘技の隆盛に貢献した桜庭の役割は甚大で、日本人選手の中では№１であることは間違いない。

桜庭は今も、クインテットという５対５のグラップリング勝ち抜き戦形式の試合を企画して、格闘家人生を続けている。ＹＴで何回か見たが、打撃がないので緊張感や殺伐感はやや薄いが、安心して高度な寝技の攻防を見せてくれる競技だ。総合格闘技などよりもむしろ、オリンピックの競技になる可能性の高い競技だと思う。

ここからはプライドにおいて活躍し、輝いていた外国人選手、ベスト３について述べたい。それは、アントニオ・ホドリゴ・ノゲイラ、エメリヤーエンコ・ヒョードル、ミルコ・クロコップの三人だ。プライドに出場した多くの選手の中で特に印象に残る試合をしたのがこの三人だ。

まず一番目はノゲイラである。僕は、三人の中でも特にノゲイラの大ファンであった。その理由は、リングスの章でも述べたが、偉ぶらない、大げさに振る舞わないという態度のよさがまず、あげられる。また、ノゲイラはストライカーではなく、グラップラーであった。ヒョードルのような、ある意味暴力的な戦い方ではなく、グラウンドに引きずりこみ、最後は関節技や首絞めなどの技で一本を取る戦い方であった。寝技に興味のある僕は、その戦い方が好きだった。また、ノゲイラはヒクソンのように危なげなく勝つという時ばかりではなく、もうやられてしまうのではないかとハラハラしながらも、最後は逆転して勝つという試合があり、どこか、ひ弱さを感じさせる面も魅力であった。

ノゲイラは、数多くの強豪と戦い、ほとんど一本勝ちをしている。マーク・コールマン、ヒース・ヒーリング、エンセン井上、菊田早苗、ボブ・サップ、セーム・シュルト、ダン・ヘンダーソン、リコ・ロドリゲス、セルゲイ・ハリトーノフ、パウエル・ナツラ、ファブリシオ・ヴェウドゥムなど、当時の本当に強い選手と戦い、ほとんどすっきりと勝っている。

その中で、ノゲイラのベストバウトは2003（平成15）年のミルコ戦だ。ノゲイラが

27歳の時だ。前田も27歳の時がピークだと述べたが、格闘家の場合はこの年齢が総合的に一番強い年齢なのかもしれない。ヒョードルがけがをして一時王座が空位となったために、プライドのヘビー級の暫定王座をかけた試合だった。ミルコは29歳、この年は、K－1グランプリでボブ・サップを、プライドグランプリでイゴール・ボブチャンチンをKOし、絶好調だった。

この試合、開始直後はノゲイラがミルコを引き込み、ガードポジションをとり、下から攻撃することに成功した。しかし、それを脱したミルコは、離れて、左キックと左パンチを的確にノゲイラに見舞っていく。タックルに行くのを見切ったミルコにノゲイラは突き放され、グラウンドに移行できない。ノゲイラは身体能力が高いとは言えない選手で、アマレス選手のような強いタックル技術を持っていなかった。腰の強いミルコを倒すことは容易ではなかった。ミルコの左ミドルキックが何発も入り、ノゲイラはタジタジとなっていった。ミルコ得意の左ハイキックが当たり、ダウン寸前まで追い込まれるがゴングに救われる。柔術出身のノゲイラは、総合格闘技における打撃の必要性を感じて、ボクシングの練習を以前から行ってはいたが、K－1の強豪でもあるミルコの本格的な打撃の前に防戦一方で、ミルコにKOされるのは時間の問題だと思うほどに危機的状況であった。

2ラウンドに入り、意を決したノゲイラは、すぐさまミルコに接近し、タックルを試みる。開始早々でそれに対応できなかったミルコは倒されてしまう。ノゲイラは馬乗り状態になる。ミルコは、打撃と腰の強さで立っての攻撃は天下一品だが、倒された時の対応は未熟なままだった。高田や船木が、ヒクソンにすぐにマウントをとられたようにその体勢を許してしまう。ミルコが、ノゲイラやヒョードルに勝てなかったのはグラウンドの弱さにある。上になったノゲイラは、パンチを振り下ろす。ミルコも必死で抵抗する。ノゲイラのパンチは強烈なものでなく、ＫＯする程の威力はない。また、ヒクソンのような強烈な押さえ込みではなく、ミルコは逃れようと反転しようとする。その瞬間をノゲイラは逃さず、ミルコの動きに沿ってその右腕をうつぶせの体勢で腕ひしぎ逆十字にとらえて一本勝ちする。

観客の大歓声。解説していたノゲイラファンの小池栄子が悲鳴のような、言葉にならないもの凄い叫び声をあげてノゲイラの勝利を喜んでいた。小池栄子は、女性ゲスト陣の中で、格闘技が真から好きで本気のコメントを出せる唯一の存在だった気がする。小池栄子同様ノゲイラファンの僕にとっては、この試合はプライド試合史上、最高の試合であった。ノゲイラの強さ弱さが随所に見られ、打撃をかいくぐり、グラウンドに持ち込み、最後に一本を取るという総合格闘技の試合の理想的な展開を見せてくれた。この試合は何度見てもおもしろい。

ノゲイラの試合として、もう一つあげなければならないのは、ヒョードルとの試合だ。ノゲイラはヒョードルと三回試合を行うが一度も勝つことはできなかった。その中で最も印象に残っているのは初めて戦った試合だ。２００３（平成15）年の3月、プライドヘビー級のタイトルマッチが行われる。チャンピオンがノゲイラ、挑戦者がヒョードルだった。この時、ノゲイラもヒョードルも26歳。前述したが、ノゲイラもヒョードルも最初はリングスで活躍し、以前から注目していた選手なのでこの試合は本当に見たかった試合だ。プライド10年間の活動の中で、一番強いのは誰かを決める№1の試合がこの二人の対決だった。

試合は、スタンドでの打ち合いを避けるために得意のガードポジションからヒョードルの腕を狙うノゲイラに対して、ヒョードルは最初は戸惑っていたが、やや距離を保ち腰を高くして、強烈なパウンドをたたき込む。普通の選手は、マウントポジションからは打てるが、ガードポジションの状態からは相手の両足に挟まれていたり、手を掴まれて、なかなか強いパンチは打てない。ところが、ヒョードルはその体勢からも、背筋がぞっとするような腰の入ったパンチをノゲイラの顔面にたたき込もうとする。ノゲイラは長い脚を使い必死にかわそうとするが、時としてヒットする。ヒョードルの上からの強烈なストライクパウンドに対しても、心を折られずに何とか耐えるノゲイラ。ノゲイラファンの小池栄子が、その度に悲鳴をあげる。ノゲイラは、ヒョードルの上からの攻撃に耐えながらも、下から三角締めやオモプラッタを狙うが、いいタイミングでヒョードルはその形に入る前に逃れる。これまでの対戦相手に通じたノゲイラの戦法がヒョードルには通じない。二度ほど、上になったノゲイラだが、押さえが十分でなく、ヒョードルはすぐさま、逆に上になって難を逃れる。判定ではあったが、連戦連勝を重ねていたノゲイラがプライドで初めて敗れた。ヒョードル圧勝の判定勝ちだった。

打撃の一発の破壊力はヒョードルの方が数段上だった。また、柔道やサンボに通じていて、倒す技量が高く寝技もできるヒョードルは、常に上になり、下から寝技をかけるチャンスをノゲイラに与えなかった。そして最大のポイントとして、ヒョードルはその非情さと瞬発力においてノゲイラに勝っていた。格闘家の運動神経という面において、ヒョードルは卓越していた。ノゲイラファンの僕にとっては残念な悔しい結果に終わった。ただ、リングス出身の二人のレベルの高い攻防には満足していた。

ノゲイラとヒョードルはこの後、二回試合を行う。二回目の試合は、一回目の試合の反省を生かして、ノゲイラがやや優勢に試合を進めていた。しかし、バッティングのアクシデントによってヒョードルが出血し、試合はノーコンテストに終わる。あのまま試合が続いていれば、ノゲイラが勝っていた試合だった。この二人の対決は、あの当時、文句なく総合格闘技世界一決定戦だった。やがてプライドが崩壊し、ノゲイラもアメリカのＵＦＣに移籍するがもはや日本でのような活躍をすることはなかった。

二番目はヒョードルである。ヒョードルは日本において活躍した総合格闘家の中で最強の選手であった。前述したノゲイラとの試合を始めとして、様々な強い選手と試合をしてほとんど負けたことがなかった。リングス時代に高阪との試合で出血し、ＴＫＯ負けをした以外は連戦連勝だった。リングス時代、かなり強かった印象のあるレナート・ババルに勝ち、初代のリングス世界ヘビー級の王座も獲得している。

リングス時代はノゲイラの影に隠れていたが、プライドになってその真価を発揮する。特に立派な身体をしているというわけでもないのに強かった。器具を使って大きくした見せかけのものではなく、自然のトレーニングで実践向きに鍛えられた丸みのある身体をしていた。昔のプロレスラーの身体もあんなふうだった。独特の風貌。強さを誇示せずに静かに登場し、派手なパフォーマンスを一切しない。試合直前に両者が近づいてレフェリーの注意を聞く時は目を伏せて、相手の顔を直視しない。身体の中に燃えたぎる戦闘意欲をぎりぎりまで閉じ込めて、ゴングがなった瞬間に一気に開放、爆発させる。非情なほどに攻撃的、戦闘的。全身に殺気をみなぎらせて、自分の前にいる獲物を一気呵成に仕留めにいく。ヒクソンのような神秘性はないものの、身体全体を使って相手を破壊しにいく激しいエネルギーは他に類がないといってよい。しかも、窮地に立っても冷静な判断をして、危機を回避する対応能力はずば抜けていたように思う。打撃はコンビネーションの技術など本格的なものではなかったが、ブンブンとふり回すフックは一発必倒の威力があった。特に前述したようにグラウンドでのパンチは、相手が頭をマットにつけている状態にあるだけに恐ろしいほどの威力があった。腰が強く、簡単には倒れなかった。また、マーク・コールマンやケビン・ランデルマンなどのアマレス出身者にはさすがに倒されたり、投げられたりしたが、その後にすぐに反撃して彼らの不得意な寝技で仕留める対応力があった。打投極のバランス、型にはまらない彼独自の戦い方によって、プライドでは無敗であった。

その中でノゲイラ戦以外に印象に残っているのは、ミルコとの試合だ。2005（平成17）年8月、プライドグランプリで対戦した。その前に一度対戦が決定していたが、ヒョードルのケガで中止となっていた。この年、ファン待望の一戦は実現した。ミルコにとっては念願の試合だった。ヒョードルにとっても、避けて通れない対戦だった。この試合は、期待度や攻防の内容においてノゲイラ対ヒョードル戦を上回っていた。結果はヒョードルが勝利を収める。ヒョードルとミルコの胆力の差が出た試合だった。1ラウンド、前へ前へ出るヒョードルに対して、左に回りながら打撃のチャンスを狙うミルコ。逃げながらもミルコの的確なパンチやキックがヒョードルにかなりヒットして、ヒョードルは鼻血を出す。ヒョードルはフックぎみのパンチをもの凄いスピードで繰り出すが、なかなかクリーンヒットしない。打撃の正確さやコンビネーションにおいてはミルコが一枚上手であった。ヒョードルはミルコを倒して、上からパウンドを狙うがミルコの脚の力は強く、ノゲイラ戦のようなパンチのヒットはほとんどない。1ラウンド、追い詰めていたのはヒョードルだが、ダメージ的にはややミルコが上回っていたように思う。

しかし、2ラウンド以降も常に前へ前へと出ていくヒョードルのアグレッシブさに比べて、次第にスタミナをロスさせて呼吸が荒くなり、気持ちの面でミルコが圧倒されていく。3ラウンドになるとヒョードルがミルコを倒し、上になる時間が多くなる。決定的なダメージを与えることはできなかったが、判定でヒョードルが勝利する。さすがのヒョードルもミルコ相手に、グラウンドにおいて一本を決めることはできなかったが、テイクダウン力の差とその精神的な強さがミルコを上回ったゆえの勝利であった。

ヒョードルが最も輝いていたのは、ノゲイラやミルコと試合を行った2003（平成15）年から2005（平成17）年にかけての頃だった。その他のヒョードルの試合としては、日本人の藤田や永田、そして小川との試合などが印象に残っている。ヒョードルは、この時期、ノゲイラとミルコ以外はすべて一本かKOで勝ち、圧倒的な強さを誇った。

やがて、プライド崩壊後、ヒョードルも戦場をアメリカに移す。最初はノゲイラやミルコに比べて活躍するが、やがてアントニオ・シウバやファブリシオ・ヴェウドゥムなどに敗れていく。

三番目はミルコである。ミルコは元々は、K－1のキックボクサーであった。K－1時代、強豪の一人ではあったが、アーネスト・ホーストやピーター・アーツら彼より実力的に上の選手の陰に隠れていた存在だった。

それが、2001（平成13）年、K－1での藤田和之との試合を機にミルコは一躍、脚光を浴びる。この試合は強烈に印象に残っている。戦前の予想は、藤田がミルコの打撃をかいくぐり、タックルを決めて倒せば、もうそれで試合は終わりというものだった。その時のミルコの表情や姿は頼りなげで藤田が間違いなく勝つ雰囲気だった。その大方の予想に反して、タックルに来た藤田の額に一発必倒の膝蹴りを入れて、流血に追い込み、TKO勝ちする。タイミングよく決まった時の打撃の威力の凄さを示した試合だった。

これによって、ミルコは本職のK－1よりも総合格闘技での試合の方に活路を見出していく。本格的な打撃の技術に加えて、ミルコはなかなか倒されず、グラウンドに持ち込ませない腰の強さを持っていた。グラウンドで技を決める技術は持ってはいないが、相手の攻撃をしのぐ方法も少しずつ会得していく。柔術など寝技の技術やレスリングの倒す技術が脚光を浴びていく中で、打撃の技術の高い選手の強さを大いにアピールしたのがミルコだった。特に必殺の左ハイキックは達人の技だった。鋭い切れ味の刃物で首を切られるような衝撃を与え、多くの対戦相手をこれ一発でＫＯしていった。

ミルコは多くの試合をこなし、対戦相手はバラエティに富んでいた。シウバやヒース・ヒーリング、イゴール・ボブチャンチン、マーク・コールマン、ジョシュ・バーネット、マーク・ハント、桜庭和志、吉田秀彦などの強豪だけではなかった。永田裕志、ボブ・サップ、ドス・カラス・ジュニア、山本宜久、金原弘光、大山峻護や美濃輪育久など実力的にはやや落ちる選手とも試合をしている。彼はプライドの強豪選手の中で最も多くの試合を行った。打撃ですっきりと決着がつくことが多かった一方、時々ポカをやって負けたりすることもあったので、ノゲイラやヒョードルと比べて一番人気があったのがミルコだったのではないだろうか。クロアチア出身で、この国の近年の紛争の歴史も背景にして、魅力的な選手の一人であった。ミルコが一番輝いていたのは２０００（平成12）年代初期の頃だった。しかし、やがてミルコもアメリカのＵＦＣに移籍するが、彼の場合は最初から負けが多く、かつての姿を見せることはなかった。

最後に高田、桜庭以外の日本人選手、特に藤田、吉田、小川の3選手について述べたい。プライドで試合をした日本人の中で最も強かった選手は誰かといえば、僕は吉田秀彦だと思う。柔道でオリンピックの金メダリストであったという身体能力と精神的な強さの面で吉田が№1だったというのが僕の意見だ。僕は個人的な好みでいうと吉田は好きなタイプではない。それは、田村潔司があまり好きでない点と少し似ているかも知れない。ただ、客観的に見ると総合的に一番強い。ああいう舞台で柔道の強さを見せつけた初めての選手かもしれない。実際は強かった木村政彦やヘーシンクやルスカなどがプロレスの試合の中で、その真価を発揮できぬままで終わった歴史を振り返る時、真剣勝負の総合格闘技の試合で世界レベルの柔道家の強さを世に知らしめたのが吉田だ。そう簡単には倒されない、倒して寝技になったら決めてしまう力と、立っての打撃でも堂々と応戦する胆力が吉田には備わっていた。

吉田をオリンピックでの試合で初めて認識した時、こいつはなかなか「はしかい奴（宇和島の方言で小賢《こざか》しい奴という意味）」だなと思った。柔道も強いがけんかも強そうなヤンチャな面構えをしていた。その精神的な強さが、プライドの試合で十分に発揮されていた。ホイスとの初めての試合も、試合の結果は今一つ納得できなかったが、全く緊張した感じではなく、ホイスを下に見ているような感じさえした。柔術なんてマイナーな競技の選手に、競技人口が世界に百万人以上いるメジャーな柔道で金メダルを取った俺が負けるわけがないといったような表情をしていた。ホイスのお手並み拝見というような余裕さえ感じさせた。また、柔道の無差別級で自分よりはるかに大きな選手とも試合をしたことのある吉田にとって、自分よりも体重の少ないホイスに負ける気がしなかったのではないだろうか。他の選手が手をやいたホイスの下からの攻撃にも対処していた。判定には疑問が残ったものの吉田はホイスに勝利し、一流の柔道家の実力の底深さを示した。

吉田が完敗したのはミルコぐらいなものだ。シウバともいい勝負をして、少なくとも桜庭よりは拮抗した試合内容だった。特に吉田の強さを示した試合は、田村戦と小川戦だ。田村との試合はとても見応えがあった。吉田に対する田村のプロレスラーとしての意地を感じさせる試合だった。僕は田村に対してはどこか批判的なものを持っているのだが、僕たちＵＷＦをずっと見てきた者からすれば、田村が吉田に一泡吹かせて欲しいという思いも心のどこかにあった。田村のローキックでかなりダメージを受け、左パンチでダウン寸前まで追い込まれたが、相撲出身で腰の強い田村を押し倒して上になり、胴着を利用しての首絞めで一本勝ちする。あの時のマットを叩いて悔しがる田村の表情が激戦を物語っていた。寝技になると吉田が一つ上だった。しかし、なかなかいい試合だった。ヘンゾ・グレイシー、後には桜庭や船木を破る田村に勝ったことで吉田の実力の程をはかれると思う。

また、総合格闘技の試合経験が少なく、ヒョードル以外は強い相手と戦ったことのない小川との試合では、吉田は胴着を脱いで戦う。同じ柔道家の小川が相手なのでそれを選択したのだろう。この試合で吉田はあっさりと小川を破っている。気持ちの面で吉田が上回っていた。両者の胆力の差が、オリンピックで金メダルを取った者とそうでない者との差ではないか。別の見方をすれば、小川の方が優しい面があり、それが勝負においてはマイナスに働いた。試合としては物足りなく、田村との試合の方が心に残るものだった。

吉田は戦極でジョシュ・バーネットや菊田早苗と試合をして負けているが、桜庭に次いで強い対戦相手と多くの試合を行ってきた。日本人では藤田和之との試合を僕は一番見たかった。この対戦が、当時の日本人最強決定戦だと思う。また、ヒョードルとの試合も見たかった。いずれにせよ、吉田は柔道家の強さを示し、プライドにおいて活躍した日本人選手のベスト3に入るだろう。

次に藤田和之である。1996(平成8)年に新日本に入門する。アマレスで日本一4連覇をして26歳でプロレスの世界に入る。かつてのディック・ザ・ブルーザーのようながっちりとした丈夫な肉体を持ち、先輩レスラーに対しても物怖じしない精神力の持ち主だった。前述したが、小川対橋本の不穏試合で、興奮する新日本勢にあって一人落ち着いて、どことなく楽しそうな感じでいた藤田のリングでの立ち居振る舞いを見て、僕は苦笑いしたものだ。後に藤田が小川を強烈に意識していたという話を聞いて、いずれはこの小川とリアルな戦いで勝負したいという気持ちが当時からあったのだと思う。

藤田はプロレス的なショーマンレスラーになりにくいタイプだった。実力的には優れたものをもってはいたが、当時、新日本は活況を呈していて闘魂三銃士や永田、中西、石沢など彼より上がたくさんいた。プロレス的な序列において、自分が中心になる日はまだかなり遠いと判断し、純粋な実力で上になることができる総合格闘技の道を選んだ。

最初はリングスに入る予定だったが、猪木の勧誘によってプライドを選択した。もし、藤田がリングスに入っていれば、リングスの展開も大きく変わっていたかもしれない。

２０００（平成12）年にプライドＧＰに参加して、初戦のハンス・ナイマン戦に勝利する。前述したが、リングスのオランダ勢は粘りがなく、藤田のヘッドロックにあっさりと参ったをする。イージーな相手との試合で幸先良くスタートした後、当時かなりの強豪として知られていたマーク・ケアーに判定勝ちする。マーク・コールマンには敗れたが、ここからブレイクする。ヘビー級の日本人プロレスラーとして、多くの試合で活躍する。吉田に比べて、結構負けることも多かったが、思い切りのいいファイトで人気を得ていく。

その最も印象に残る試合が２００３（平成15）年の６月に行われたヒョードルとの試合

だ。藤田にとってのベストバウトだ。体格的にはヒョードルを上回っている藤田は立ってパンチの打ち合いに臨む。ヒョードルのパンチは大振りだが藤田のパンチより速く、正確に藤田の顔面を捉える。しかし、ヒョードルの右パンチに合わせて、相当練習をしたという藤田の右フックがヒョードルのあごを捉える。ダウンは免れたものの、ふらつきヒョロヒョロするヒョードル。もう一発あたればKOというところまで追い込まれる。しかし、必死に耐えて藤田に抱きつき、ダウンを免れて、その間に息を吹き返す。危機から脱するために必死にパンチを繰り出し、倒れた藤田の背後に回り、一気に首絞めを決めて、一本勝ちする。日本での戦いで、ヒョードルをダウン寸前にまで追い込んだのは藤田とミルコくらいなものだ。敗れたものの藤田の株はさらに高まっていく。

先日、YTで初めて藤田と中西学の試合を見た。新日本のリングでの総合格闘技の試合なので少し馬鹿にして今まで見ていなかったのだが、この試合は結構おもしろかった。藤田というよりも中西の闘志が全面に出ていた試合だった。ほとんど立っての打ち合いで、一日の長がある藤田のパンチが中西にヒットして、鼻血を出す。しかし、中西はひるまずに最後まで藤田に向かっていった。総合格闘技の技術的な面ではレベルの低い試合ではあったが、同門同士の互いに一歩も引かない対決は見る者を引きつける何かがあった。改めて、新日本のレスラーの能力の高さを認識するものだった。この試合も藤田らしさを見せてくれた試合だった。

藤田は、頑丈な身体を持ち、レスリングの技術は優れている。また、精神的にも強いものをもっている。船木は、日本人選手の中で世代を問わず、総合格闘技で最も強い選手は藤田であると言っている。ただ、藤田の打撃はキックはほとんどなく、パンチだけであり、連打でたたみかける技量はもっていなかった。また、桜庭は例外だがアマレス出身の選手の多くがそうであるように寝技の技術は高いとは言えなかった。ヒクソンやヒョードル、桜庭などと比べて、臨機応変に危機に対応できる能力がそれ程高くなかったように思う。ただ、総合格闘技に挑戦した高田や船木、安生、田村、金原、小川、永田、石沢などのプロレスラーに比べて総合的には上回っていたのは確かだ。

最後に小川直也である。柔道の全日本選手権5連覇や世界選手権での優勝、バルセロナオリンピックでの準優勝などの輝かしい結果を残した後、１９９６（平成8）年に引退し、翌年からフリーの格闘家へ転身した。同じ柔道出身の吉田と比較した時に、僕は好き嫌いからいうと小川の方がずっと好きである。

最初の頃は、前述したように新日本で橋本真也と試合をしたりしていた。当初は柔道時代のようにかなり太っていたが、シェイプアップして、無駄な肉のないシャープな身体へと変貌していった。ショープロレスを自認するハッスルに参加してプロレスの試合をしていた。一方、1999（平成11）年からプライドに単発的に参加してゲーリー・グッドリッジや佐竹雅昭と試合をして勝利を収めている。しかし、あくまでもプロレスが中心であった。

そうした中、小川へのプライドグランプリ参加の機運が高まり、2004（平成16）年に初めてグランプリに参加する。ステファン・レコやジャイアント・シルバに連勝し、小川への期待が大きく高まった中で、ついにヒョードル戦が実現する。レコはキックボクサー、シルバはプロレスラーで本格的な総合格闘技の技術を持つ選手ではなかった。小川の本当の強さはそれまでのプライドの試合ではよく分からなかった。実力№1のヒョードルとの試合で小川の真の実力がわかる。藤田や吉田以外にヘビー級の日本人の実力選手がほとんどいない中で、小川への期待はいやが上にも高まっていった。ヒョードルも柔道出身であったが、柔道での実績は小川とは比較にならない。寝技になれば小川が優勢に試合を進めるのではないかという期待もあった。

しかし、小川はヒョードルの振り回すパンチに気圧された感じとなり、それほど当たっていないのに腰くだけの状態となって倒れる。上に乗られマウントを許し、あっという間に腕ひしぎ逆十字を決められて一本負けを喫する。2分かからずに敗北してしまう。

ヒョードル対永田戦を思い出させるようなあっけない結末だった。改めてヒョードルの強さが示されたと同時に小川の精神的な弱さが露呈した試合だった。ヒョードルの圧倒的な戦闘能力、瞬発力に飲み込まれた内容だった。プロレスの試合で、橋本真也相手に不穏試合をした時の小川が頭の片隅にあったプロレスファンは大きな失望を感じただろう。小川への幻想は消滅した。

しかし、小川は惨敗したにもかかわらず、悪びれずリング上でハッスルポーズを決めて、見た目は意気消沈という感じではなかった。むしろ、サバサバした様子に見えた。小川はひょっとしたら、プライドというその当時最も注目を浴びていたイベントを通じて、ハッスル等のプロレスを広めようとしたのかもしれない。柔道のように勝敗だけにこだわる競技はこれまでさんざんやってきた。それから逃れて、勝敗だけではないプロレスに身を投じてこれまでやってきたのに、再び、勝敗にこだわる総合格闘技をもう30歳をとうに超えた今になって、本気でやれるものか。自分より8歳も年下の、この競技に懸けてきたヒョードルに勝てるわけがないじゃないかと内心思っていたのかもしれない。ヒョードル戦、吉田戦の小川は勝敗など度外視して、当時の成り行きで試合を受けたのかもしれない。敗れはしたものの、小川の参戦でプライドグランプリはかつてないほどの盛り上がりを見せた。小川は吉田戦以後、総合格闘技のリングに上がることはなかった。できればプライドのリングで藤田との試合を見てみたかった。

リングス休止以後、プロレスに興味を失っていた僕にとって、プライドは心の拠り所だった。自分の求める理想的な格闘技像を具現化して見せてくれたのがプライドであった。プライドは格闘技への渇きを潤してくれる水だった。２０００（平成12）年から２００６（平成18）年の間は、プライドの試合を見るのが本当に楽しく、心ときめかせながら、画面に見入っていたものだ。

特に地上波での編集した放送ではなくて、リアルタイムで見るスカパーの放送が断然おもしろかった。変に試合順序を操作したりせずに、淡々と放送する。その選手が有名であるかどうかで判断するのではなく、見る者が試合内容で公正に判断する。スカパーのプライドタイムは自分にとって至福の時だった。

総合格闘技の世界的な中心となったプライドには、一攫千金を夢見て、多くのまだ見ぬ強豪が集結してきた。柔術、レスリング、柔道、キックボクシング、ボクシングなど腕に覚え有りの名もなき強者たちの試合ぶりが新鮮だった。かつての日本プロレス時代にアメリカから多種多様なレスラーたちが来ていたように。

そのまばゆいばかりの輝きを放っていたプライドは週刊誌報道をきっかけにして、

2007（平成19）年4月のプライド34を最後に、この年の10月に消滅する。プロレスが失ったものをプライドに見ることで格闘技への思いを継続していたというのに。格闘技への渇望を満たしてくれるものがついになくなってしまった。僕はしばらくの間、プライドロスに陥る。UFCを見るためにWOWOWと契約したが、おもしろくなくてすぐに解約した。大リーグやNBAに興味がないのと同様にUFCに魅力を感じなかった。その後、ドリーム、戦極、RIZINなどができたが、かつてのプライドが放った総合格闘技の輝きは取り戻せないで今に至っている。

おわりに

先日、YTで2004（平成16）年に行われたプロレスに関しての討論会の映像を偶然に初めて見た。今から16年も前の映像だが、プロレスの今後を示唆する内容で、それは今現在のプロレス界にも通用するものだと思った。K－1やプライド華やかなりし頃のもので、落ち込んだプロレスをどう立て直すのかというのがテーマだった。鈴木みのる、獣神サンダー・ライガー、蝶野正洋、永田裕志、棚橋弘至、北斗晶などの何人かのプロレスラーと上井文彦氏、谷川貞治氏や金沢ゴング編集長、数名のタレントが出演してそれぞれの考えを述べていた。非常に興味深く見させてもらった。当時、プライド、K－1に比べて劣勢に立たされているプロレス（特に新日本プロレス）を復活させるためにはどうすればいいのかを真剣に議論していた。

その番組の中で印象に残っている場面は、総合格闘技の試合でミルコ、ヒョードルにあっけなく二連敗していた永田にアナウンサーが「総合格闘技で勝てていない状態だが、そのへんはどう考えているか」という質問をした時だ。しばし熟考した後、永田は「対戦相手にではなく、一発、総合格闘技にお返ししたい」と声をふりしぼるようにして答えた。

棚橋や蝶野がプロレスラーの総合格闘技参戦に否定的であるのに対して、プロレスラーというのは純粋なプロレスでの強さだけでなく、格闘技者としての強さも兼ね備えているべきであるという永田の考えを示していた。その時の永田の表情や言葉で、ミルコやヒョードルと試合をした時の覚悟や負けた後の、他人には分からない永田の心情を窺い知ることができ、何か心が動かされた。ちゃんとした準備もせずに総合の試合に出て、簡単に負けて情けないなあとそれまでは思っていた永田への気持ちが大きく変わった。上井氏の言っていたようにアマレスの強豪であった永田が、本格的に準備して臨むことができたなら試合内容も変わっていただろうと思った。あれから16年経った今は、永田的なレスラーがいなくなり、蝶野や棚橋的なレスラーばかりになっている気がする。

番組の最後に「プロレスが生き残る道は何か」という問いに対しての答えを一人ひとりボードに書いて示した。「スーパースターの出現」、「自己プロデュース」、「団体間の交流」、「子どもが憧れる職業」など様々な意見が出たが、一番多かったのは「強さ」ということだった。ショー的な要素も多く持っているプロレスではあるが、その根底には格闘技をする者としての「強さ」がなければならないということだ。強くなるために長い時間、厳しい練習を積み重ねる。基礎体力の強化や相手を倒す技術の修得とそれによって身に付けた精神力が基本にあり、その上で自分独自のパフォーマンスを加味してリング上で表現する。

きちんとしたプロレスリングの手取り足取りの地味な技術がベースにあり、相手が変な仕掛けをした時にはそれに対抗する裏の技術も持っている。その上で、プロとしての見せる技術、自分だけの独自の表現の仕方を経験の中で磨きあげ、観客を意識した試合の組み立てをして盛り上げることができる。そのリングでの動きはそう易々と素人がまねできないレベルのもの、少なくとも10年はかかるような奥義を感じさせるものでなければならない。本物かどうかは人はいずれ見抜く。メッキはやがてはがれる。

今のプロレスラーは、一概にすべてのプロレスラーとはいい切れないが、とても軽い印象を受ける。みんな同じような動きで、そこにプロの深さを感じることができない。立ち技のオンパレードで地味な見えにくい寝技の攻防がカットされ、安易な表現方法で観客に媚びを売っているように見える。両者に摩擦感や、技を仕掛ける困難さがなく、プロの技術の攻防を見ることが少ない。

大相撲や野球は、以前に比べれば様々な面で派手になり、大きく変わった部分もあるにはあるが、競技としてやっていることはほとんど変わっていない。サッカーなど様々なスポーツの台頭で、大相撲も野球も以前に比べれば人気は落ちたとはいえ、プロレスのように凋落はしていない。それは変わらない部分、変わってはいけない部分をしっかりと維持しているからだ。プロレスの凋落は、変わってはいけない部分、つまり、「強さ」を求める、格闘技として核心の部分が欠落したことにある。リングやレスラーのコスチューム、入場曲、会場の装飾など時代の流れの中で変わるべき点は大いに変わってもいい。しかし、リングの中で行われているプロレスリングの動きを大きく変えてしまったことにプロレスが凋落した一番の原因があるのではないか。

極端な意見かもしれないが、言わせてもらう。地味な部分があっていい。観客が理解できず、シーンとする場面があっていい。小さなリングで展開される試合に東京ドームなど大きな会場は必要ない。後楽園ホール、あるいはそれよりも小さな会場でいい。僕らは馬場や猪木の試合を小さな闘牛場や野外の広場で見たではないか。地道に、昔のようなゴツゴツした、ちょっと垢抜けない、ちょっと暗くて怖く、女性や子どもが敬遠するプロレスでいいんだ。それを愚直に頑なに続けていくことだ。奇を衒わずに真面目にそれを貫いていくことだ。

2004（平成16）年の時点で全盛を誇っていたK－1もプライドも今は昔の物語になってしまった。調子に乗って、話題作りに奔走していたK－1はいずれ落ちていくだろうと予想していたが、その通りになった。ボブ・サップやタレントを起用し、刹那的に大衆に受けることだけを考えてマッチメイクしていた結果だ。

一方、新日本プロレスは今も存続し、BSでのテレビ中継が復活した。プロレスというジャンルはいまだ生き残っている。しかし、そのリングでの展開は、かつてのプロレスファンの心を捉えるものではない。僕たちは、かつての心ときめかせたプロレスをまた見たいと思っている。それが今のプロレスでは見ることができないから、昔の力道山、馬場や猪木、前田の試合の映像を繰り返し見る。また、わずかに命脈を保っている総合格闘技を代用する。

上田馬之助について書かれた『金狼の遺言』という本がある。上田とトシ倉森という人の共著である。それを久しぶりに読み返してみたが、今のプロレスに対して僕の言いたいことの多くがそこに著されていた。そこには上田が望むレスラーの条件として五つのことが示されている。

1　基本がしっかりできていること。
2　誰が見ても体がレスラーに見えること。
3　打たれ強いこと。
4　お客さんと勝負できること。
5　いざという時にセメントで勝負できること。

特に5のセメント（ガチンコ）ができるということが本物のレスラーとして最も大切なことだと強調している。セメントが強かった上田ならではの意見だ。上田はセメントが強かったレスラーとして、外国人ではルー・テーズ、ダニー・ホッジ、ザ・デストロイヤーなどをあげている。また、日本人では第一番目にアントニオ猪木をあげている。日本プロレス時代に同じ若手として猪木と一緒に練習に明け暮れた上田の確かな見方から出た言葉だ。それとは対照的に馬場に対しては、セメントという点においても非常に批判的に語られている。

上田はこの本の末尾あたりで、最近のプロレスがつまらなくなった理由に触れている。その理由として一つ目は、同じ技のオンパレードでレスリングに重みがなくなったこと、二つ目にレスラーにオリジナリティ・個性がなくなったことをあげている。そして三つ目にレスラーの強さがリング上で存分にアピールされていないことをあげ、それが人気衰退の一番の原因だと語っている。

そして、プロレスを再興するためには昭和のような重みのあるプロレスをしていくことが必要で、それを実現するためにコミッショナー制度を作り、ライセンスを発行することやレスラーの福利厚生を確立することなどをあげている。いちいち、納得のいく意見で交通事故で重傷を負った上田の心からの叫びのような言葉は胸を打つ。プロレスに人生を捧げた彼の遺言は重く、説得力がある。最後に猪木に対して、親愛の情を込めて「世間が認める立派なレスラーを育ててほしい」と結んでいる。

昔のプロレスがまた見たい。それには「強さ」の追求を根底にしっかりと持った真のプロレスリングを指導する人材や組織が必要だ。僕が願うのは、プロレス界のレジェンドである猪木を中心にして藤波や長州、藤原、前田、高田、船木などの新日本プロレス出身者が人生の最後の仕事として、自分たちを育ててくれたプロレス界への恩返しとして、本当のプロレスを見せてくれるレスラーを養成する機関、「蛇の穴」のような機関（ジム）を幾つか作り、プロレスの復権、再興を試みて欲しいということだ。

総合格闘技のためのジムはたくさんある。勝敗だけがすべてであるゆえに、ある意味簡単だからだ。しかし、プロレスはそれだけでなく、見せる技術、表現する技術を必要とする。演技者としての技術も必要とする。そこにそのレスラーの人間性、生き様が投影される。それを指導できるのは、昭和の時代にプロレスラーとして人々を魅了した者だけではないだろうか。その日が来るのを心から待ち望んでいる。

２０２０年12月

高木恭三

追記

最近のプロレスに関しての明るい動きとして、２０２０年2月に天龍源一郎の娘や藤波辰巳の息子、長州力の義理の息子らを中心として、日本プロレス殿堂会が設立された。プロレスラーの地位向上や福利厚生制度の整備などに向けて、初めての取り組みがなされようとしていることはとても喜ばしいことである。また、10月には田村潔司を中心として、ＵＷＦ的なプロレスの復活を目指す新団体「ＧＬＥＡＴ」のプレ旗揚げ戦も行われた。そうした動きが発火点となって大きなものとなり、プロレスが再び注目される日が来ることを願っている。

高木　恭三（たかぎ　きょうぞう）

愛媛県津島町（現宇和島市）生まれ。

宇和島東高校、京都府立大学文学部卒業。

愛媛県の公立中学校の社会科教員として35年間勤務。2019年定年退職。現在は塾の講師や中学校の教育活動支援員として活動。

趣味はプロレスの他に釣り、畑仕事、書道、酒場放浪。

わが心のプロレス

2021年7月15日　初版第1刷発行

著　　者　高木恭三
発 行 者　中田典昭
発 行 所　東京図書出版
発行発売　株式会社 リフレ出版
〒113-0021　東京都文京区本駒込 3-10-4
電話（03)3823-9171　FAX 0120-41-8080
印　　刷　株式会社 ブレイン

ISBN978-4-86641-421-8 C0095
Printed in Japan 2021